Reiner Mihr / Markus Oess ALDI

GLOBAL PLAYERS

DIE GROSSEN UNTERNEHMEN DER WELT

Herausgegeben von Andrea Exler

Reiner Mihr
Markus Oess

ALDI

Verkaufsmaschine Aldi –
der Triumph des Schlichten

Europäische Verlagsanstalt

Bibliografische Information Der Deutschen Bibliothek
Die Deutsche Bibliothek verzeichnet diese Publikation
in der Deutschen Nationalbibliografie;
detaillierte bibliografische Daten sind im Internet über
http://dnb.ddb.de abrufbar.

Druck und Bindung: Fuldaer Verlagsanstalt, Fulda

Printed in Germany
ISBN-10: 3-434-46812-9
ISBN-13: 978-3-434-46812-7

Informationen zu unserem Verlagsprogramm
finden Sie im Internet unter
www.europaeische-verlagsanstalt.de

INHALT

KAPITEL 1	Beim Aldi	7
KAPITEL 2	Die Faszination des einfachen Konzepts	15
KAPITEL 3	Aus der Frühzeit des führenden Discounters	33
KAPITEL 4	Herausforderungen für die ungekrönten Könige des Handels	53
KAPITEL 5	Wohin geht die Reise des Discount-Imperiums?	79

ualität zum Dauertiefpreis.

KAPITEL 1

BEIM ALDI

Aldi ist auch nicht mehr das, was er mal war. Die Läden werden immer feiner, das Sortiment immer größer. Schmuddelimage und Erbsen aus der Dose gehören der Vergangenheit an. Stattdessen gibt es Ökobananen, Fertigküche, Gekühltes und Champagner. Und mittlerweile stehen auf dem Parkplatz auch Mercedes und BMW. Früher war das anders. Da ging niemand so einfach „zum Aldi". Das tat man nicht, es war nicht schicklich. Bis Anfang der achtziger Jahre hatte Aldi den Ruf eines Arme-Leute-Ladens, und die Produkte des Discounters galten als minderwertig. Dort kaufte nur ein, wer musste. Die wenigsten wollten sich Dosen aus Kartons klauben, vergeblich nach einer Verkäuferin suchen oder in langen Schlangen an der Kasse anstehen. Wenn das der Nachbar gesehen hätte!

Dieses Negativimage haftet Aldi längst nicht mehr an: Drei von vier Haushalten kauften im Jahr 2006 bei Aldi ein. Laut einer Forsa-Umfrage tun das 95 Prozent der Arbeiter, 88 Prozent der Angestellten, 84 Prozent der Beamten und 80 Prozent der Selbstständigen. Die Gründe sind vielfältig. Die hohe Zahl der Arbeitslosen und Unterstützungsempfänger treibt den Discountern die Kunden in die Arme. Hier leisten Aldi und vergleichbare Ketten einen unschätzbaren sozialen Dienst. Andererseits scheinen die Deutschen aller Gesellschaftsschichten zu Geizkragen geworden zu sein. Keiner will mehr ausgeben als unbedingt nötig, selbst wenn er könnte. Geiz ist schick und gilt als clever.

Doch die Deutschen sind nicht nur sparsamer als noch vor zwanzig Jahren, Aldi ist auch besser geworden. So erzielten Produkte von Aldi über Jahre sehr gute und gute Testergebnisse bei Stiftung Warentest oder Ökotest. Kein Wunder, denn hinter vielen Aldi-Erzeugnissen stecken bekannte Markenhersteller. Die anderen Hersteller, die den Discounter beliefern, sind ebenfalls qualitativ überzeugend. Das Qualitätsmanagement von Aldi gilt in der Branche als hervorragend. Dass die Verkäufer und Verkäuferinnen meist keine Zeit haben, weil sie hektisch Regale einräumen müssen, macht niemandem mehr etwas aus. Man hat sich daran gewöhnt. An der Kasse geht es dafür heute rasch voran.

Harddiscount und Handelsmarken

Ein Discounter ist ein Einzelhändler, der durch Verzicht auf Dienstleistungen und Dekoration sowie durch ein reduziertes Warenangebot und eine stark begrenzte Verkaufsfläche Kosten spart und daher die Verkaufspreise senken kann. Im Gegensatz zum klassischen Supermarkt beschränken Discounter ihr Angebot auf wenige Artikel, die sich rasch verkaufen. Dadurch sinken auch die Kosten der Lagerhaltung und der Sortimentspflege erheblich.

Die Lebensmittelbranche unterscheidet zwischen Harddiscountern wie Aldi und Softdiscountern wie zum Beispiel Plus. Letztere haben das Discount-Konzept etwas verwässert, indem sie Markenartikel und mehr frische Ware ins Sortiment aufgenommen haben. Harddiscounter hingegen verzichten weitgehend auf Frischware und vertreiben fast ausschließlich Handelsmarken.

Als Handelsmarke (oder Eigenmarke des Handels; englisch *private label*) bezeichnet man Marken, unter denen Discounter oder auch Einzelhändler wie Rewe oder Edeka ihre eigenen Produkte auf den Markt bringen. Eine Handelsmarke ist nur in den Märkten eines bestimmten Handelsunternehmens erhältlich. Bekannte Beispiele sind „Attraktiv & Preiswert“ oder „Ja“. Handelsmarken stehen im Wettbewerb zu den Marken der großen Konsumgüterhersteller wie etwa Nestlé („Nescafé“) oder Procter & Gamble („Ariel“). Diese Industrie-Marken werden intensiv beworben und meist international vertrieben, was sich auch in höheren Preisen niederschlägt.

Dabei hat sich Aldi gar nicht grundlegend verändert. Das Konzept ist stets das gleiche geblieben. „Durch Kontinuität und Gradlinigkeit hat sich Aldi über Jahrzehnte ein inzwischen fast unerschütterliches Vertrauen erarbeitet", sagen Spezialisten vom Marktforschungsunternehmen Trade Dimensions. Die Kunden danken es mit unerschütterlicher Treue. Das merkt zum Beispiel, wer in einer Suchmaschine im Internet „Aldi" eingibt: Er erhält fast 19 Millionen Treffer. Es gibt zahlreiche Aldi-Fanclubs weltweit, sogar in Holland. Unter ihnen sind Clubs, die sich in Prognosen darüber ergehen, welche Angebote in der kommenden Woche angepriesen werden könnten. Die Fans tauschen sich in Foren und Blogs aus, geben Tipps und helfen sich weiter. Aber was fasziniert sie? Warum kaufen die mit einer solchen Begeisterung bei Aldi ein? Auf der Aldi-Fan-Page steht zur Begründung:

- Aldi ist nicht billig, sondern preiswert! Viele der Aldi-Produkte sind von der Stiftung Warentest als „sehr gut" oder „gut" bewertet worden.
- Aldis Produkte sind (fast) immer frisch! Das erklärt sich durch die große Kundenzahl: Wo immer wieder weggekauft wird, muss immer wieder frisch nachgefüllt werden!
- Aldi hat das beste Personal! Sie sind schnell und (meistens) freundlich.

- Aldis Produkte haben die besten Namen! Aldis Kunden putzen nicht, sie bimsen. Außerdem schnäuzen sie in Kokett, machen ihren Salat mit Lorena (Olivenöl) an, pflegen ihren Körper nur mit Olana und streichen sich Nutoka auf die Frühstückssemmeln!
- Aldi ist multikulti: Hier treffen sich der gehetzte Student, der sparsame Rentner und der Türke von nebenan! Aldis Kundschaft gleicht einem Querschnitt durch die Bevölkerung Deutschlands. Nur eine Gruppe bleibt draußen: Die durch Vorurteile glänzen – und auf die können wir verzichten … und sparen!
- Aldi hat zweimal die Woche die beste Aktionsware Deutschlands! Preiswert und echt gut! Vom Computer bis zur Palme ist dort alles zu haben – man muss nur rechtzeitig die Werbezettel studieren.

Das sehen sogar Prominente so: „Hohe Qualität und das preiswert – Herr Albrecht beweist seit Jahren, dass er ein Herz für Verbraucher hat", sagte beispielsweise Karin Stoiber, die Frau des bayerischen Ministerpräsidenten vor einigen Jahren. Oder Eislauf-Ass und Olympiasiegerin Anni Friesinger: „Ich mag das feinpürierte Apfelmus. Und den Chardonnay! Auf meinen Aldi-PC ist schon seit drei Jahren Verlass!" Auch für diese Menschen ist Aldi Kult. Und für viele andere. Den Fans genügt es schon lange nicht mehr, nur bei Aldi einzukaufen. Für die Hausfrau gibt es zusätzlich

Aldi-Kochbücher und für den Gelegenheitstrinker eine Sammlung mit Aldi-Cocktail-Tipps. Für den Eisenbahnfreund gibt es neben der klassischen Tankstelle und dem Bahnwärterhäuschen auch einen Aldi-Laden als Modell. Es gibt sogar eine – wenn auch schon etwas ältere – Maxi-CD mit dem Titel „Wir sind bei Aldi". Ob es auch Fan-Bettwäsche oder -Socken gibt, ist nicht bekannt.

Auch an Publikationen über den Discounter mangelt es nicht. Wer zum Beispiel bei Amazon ein Buch über Aldi kaufen will, kann unter mehr als 100 Angeboten wählen. Hörbucher sind ebenfalls erhältlich. Überwiegend handelt es sich um Ratgeber und Tipps für den Verbraucher; eher selten sind Einblicke in das Geschäftsmodell und die Rolle des Handelskonzerns im deutschen und internationalen Einzelhandel. Im vorliegenden Band gehen die Autoren der Frage nach, warum der Discounter existiert, was er heute ist und wie er dazu geworden ist, was er kann und wie er das macht. Es geht aber auch um die Risiken des Systems und darum, einen Ausblick auf die nähere und fernere Zukunft zu wagen. Schließlich soll erklärt werden, warum das System Aldi so viele in seinen Bann zieht.

Aldi in Kürze

Aldi ist der Kurzname der beiden weltweit operierenden Handelsunternehmen Aldi Nord und Aldi Süd. Sie wurden 1913 zunächst als gemeinsames Familienunternehmen in Essen gegründet und später von den Brüdern Karl und Theo Albrecht weitergeführt.

Nach dem Zweiten Weltkrieg übernahmen die Brüder das elterliche Lebensmittelgeschäft von 35 Quadratmetern. Kurze Zeit später eröffneten sie ein größeres Geschäft und hatten es schon 1950 zu einer kleinen Ladenkette gebracht. 1960 waren es bereits 300 Läden mit einem Umsatz von 90 Millionen D-Mark. Im gleichen Jahr wurde Aldi zwischen den beiden Brüdern in Aldi Nord und Aldi Süd aufgeteilt.

Aldi Nord besteht aus 35 rechtlich selbstständigen Regionalgesellschaften in Nord- und Ostdeutschland mit etwa 2.500 Filialen und Aldi Süd aus 31 Gesellschaften mit 1.600 Filialen in West- und Süddeutschland. Die beiden Konzerne sind freundschaftlich verbunden und treten auch gemeinsam auf, zum Beispiel mit gemeinsamer Homepage. Rechtlich, organisatorisch und finanziell sind beide Konzerne jedoch völlig unabhängig.

Der Umsatz der Gruppe in Deutschland im Jahr 2004 beläuft sich auf 22,7 Milliarden Euro, die Umsatzrendite auf drei bis vier Prozent. Aldi Nord und Süd befinden sich vollständig in Familienbesitz.

KAPITEL 2

DIE FASZINATION DES EINFACHEN KONZEPTS

Die Kassen sind voll bei Aldi. Firmengründer Theo Albrecht soll einmal gesagt haben, dass Aldi (die Abkürzung für ALbrecht-DIscount) sogar mehrere Jahrzehnte lang gar kein Geld verdienen könne und das Unternehmen dennoch nicht gefährdet sei. Aldi hat also Macht. Ein Manager der Konkurrenz spricht unumwunden von der „Verantwortung Aldis" für die gesamte Branche: „Aldi bleibt das Maß aller Dinge. Wenn Aldi die Preise senkt, trifft das den gesamten Handel." Niedrigere Preise bei Aldi bringen auch alle anderen Einzelhändler unter Zugzwang, so mächtig ist die Signalwirkung auf die Verbraucher. Im Jahr 2006 wurde die Nummer eins der Discounter der Verantwortung gerecht und hat nicht an der Preisschraube gedreht. Angesichts der für 2007 beschlossenen Mehrwertsteuererhöhung kündete Aldi bereits im August 2006 an, die Preise stabil zu halten. Als am 1. Januar 2002 die Euro-Umstellung erfolgt war, hatte der Discounter für das gesamte Sortiment die Preise gesenkt und sich damit als großer Gewinner profiliert. Bald wurde allerdings Kritik laut: Im Vorfeld soll Aldi unmerklich die Preise angehoben haben, so dass für die Verbraucher am Ende bestenfalls ein Nullsummenspiel herauskam.

Anfang der sechziger Jahre hatte Aldi mit nur knapp 400 Produkten im Sortiment als der Urdiscounter in Deutschland begonnen. Inzwischen hat sich die Artikelzahl auf 600 bis 800 deutlich erhöht. „Aldi hat den Bürgern die Angst und die Scham angesichts des Billigen genommen und mit dem alten Vorurteil aufgeräumt, dass Billiges immer qualitativ zweifelhaft sein muss“, sagt der Nürnberger Marketing-Professor Hermann Diller. Für die größte Pionierleistung Aldis hält der Experte dessen Preis- und Sortimentspolitik. Was zu welchen Preisen bei Aldi in die Regale kommt, wird offenbar den Kernbedürfnissen vieler Verbraucherschichten gerecht. „Aldi bietet hohe Qualität zu kleinen Preisen und hat auf diese Weise gutes Essen gewissermaßen demokratisiert“, bringt es ein ranghoher Handelsmanager auf den Punkt. Namentlich will sich niemand aus der Branche zitieren lassen. Man spricht nicht gerne öffentlich über die Konkurrenz, schon gar nicht über die Nummer eins. Doch off the record bekunden die meisten ihren Respekt vor den Leistungen des großen Bruders. „Jeden Tag werden bei Aldi zehn Produkte blind verkostet", berichtet ein Ex-Aldi-Manager. „Treten Mängel bei der Qualität oder im Geschmack auf, so klingelt noch am gleichen Tag bei dem betreffenden Lieferanten das Telefon." Die Lieferung wird dann komplett zurückgegeben. Allzu häufig darf dies einem Lieferanten nicht passieren, denn er weiß, dass seine Produkte bei mehrfachen Beanstandungen schnell aus den Regalen verschwinden können. Dies ist ein wirkungsvolles Druckmittel: Aldi kauft Mengen ein, die mitunter die gesamte Produktion eines Herstellers auslasten. Die harte Gangart gegenüber den Lieferanten trägt Früchte. Bislang hat es keinen einzigen Lebensmittelskandal größeren Ausmaßes bei Aldi gegeben. Aldi hat sich so das Urvertrauen nicht nur der preisbewussten Konsumenten, sondern fast aller Deutschen erworben.

Bei einer Erhebung der Beraterfirma Roland Berger & Partner standen Kundenvertrauen und Markenbefürwortung von Vertriebslinien im Blickfeld. Spitzenreiter der Studie für den deutschen Einzelhandel war – neben H&M, Ikea und Douglas - auch Aldi. Die Marke Aldi zieht also. Aldi kommt weitgehend ohne bekannte Industrie-Marken wie Nivea oder Nestlé aus. Mittlerweile sind es aber nicht mehr nur Billigprodukte, die von beinahe glückseligen Ver-

MARKTFÜHRER ALDI

Vergleich verschiedener Discounter

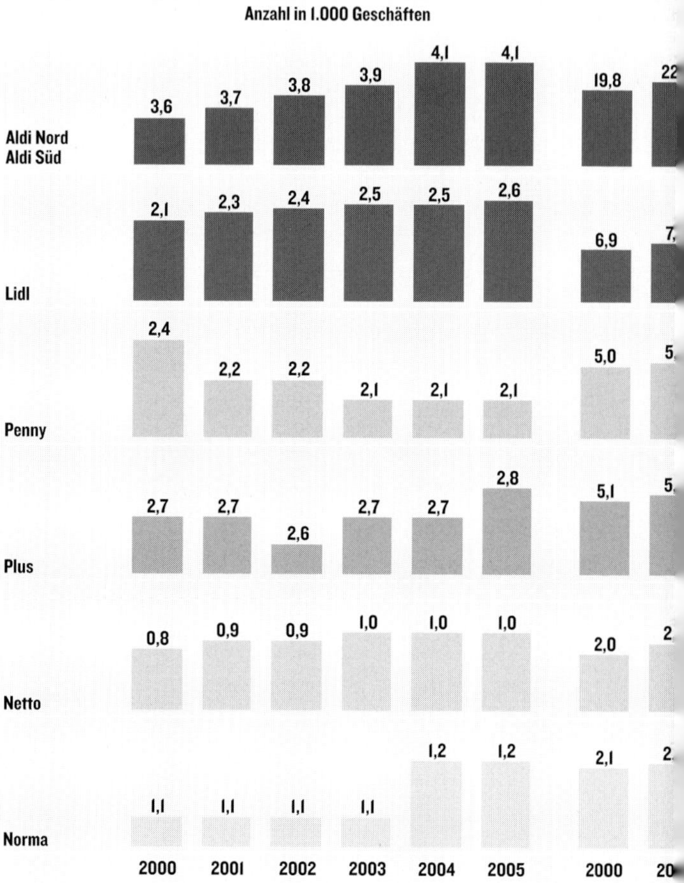

GfK

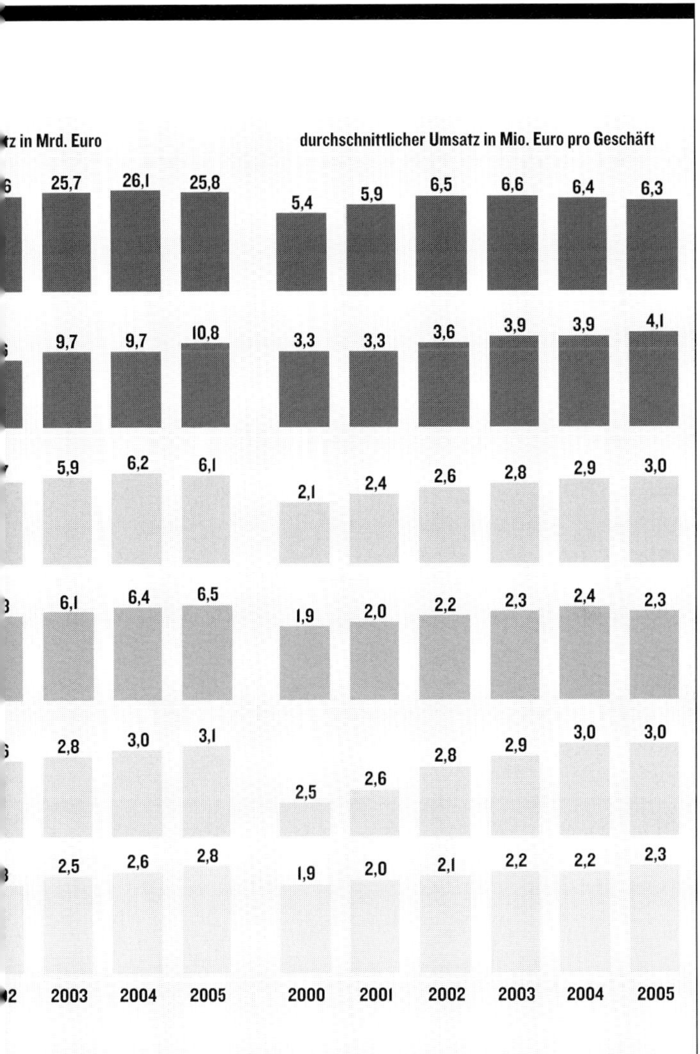

Aldi Nord und Süd haben nicht nur die meisten Discountfilialen, sie machen auch den meisten Umsatz. Und ganz wichtig: Jeder einzelne Aldi-Laden macht im Durchschnitt mehr Umsatz als ein Geschäft der Discounterkonkurrenz.

brauchern aus den Aldi-Märkten geschleppt werden. Auch Champagner, Antipasti oder edle Weine aus dem Hause Albrecht genießen Kultstatus. Deswegen ist es keine Schande mehr, mit einem teuren Wagen auf den Aldi-Parkplatz vorzufahren. Doch wie schafft es Aldi, bei der geringen Artikelzahl ein derart breites Spektrum zu verkaufen, das von der Preiseinstiegsware bis zum Premium-Produkt reicht? „Mittlerweile wird es für Aldi fast leichter, Premium-Qualität zu verkaufen als Billigware", erklärt Marketing-Professor Diller. Billigware können andere genauso billig verkaufen, und an Nachahmern mangelt es nicht. Aldi hat dagegen den Vorteil der höchsten Kundenreichweite. Bei 85 Prozent Reichweite in der Gesamtbevölkerung finden sich auch ausreichend Käufer, die bereit sind, einen teureren spanischen Gran Reserva statt eines einfachen Rotweins zu wählen. Nebenbei hebt dies das Image. Die Märkte sind durch ein erweitertes und besseres Warenangebot vom Supermarkt für sozial Schwache zu einem anerkannten Handelsunternehmen geworden. Dementsprechend hat Aldi seine größte Klientel in den mittleren Einkommensschichten gefunden.

„Aldi zeichnet sich durch Kundenvertrauen, Preiswürdigkeit und Verfügbarkeit aus. Die Kunden wissen, was sie bei Aldi kaufen, bekommen sie in dieser Qualität nirgends billiger. Man kann sozusagen blind aus dem Regal kaufen. Dem Kunden wird so auch das Nachdenken abgenommen", befindet Herbert Kuhn, der Handelsexperte des Frankfurter Marktforschungsunternehmens Trade Dimensions. Kuhn befasst sich schon seit mehreren Jahrzehnten mit dem deutschen Lebensmittelhandel und gilt als ausgewiesener Experte der jüngeren Handelsgeschichte.

Bequem für den Verbraucher ist nicht allein die zuverlässige Qualität der Produkte. Auch Zeit ist ein knappes Gut. Aldi hilft, Zeit zu sparen. Die geringe Auswahl und die Tatsache, dass im Wesentlichen jede Filiale gleich aussieht, beschleunigen das Einkaufen. Der Einkauf wird auf diese Weise gewissermaßen ritualisiert. Überraschungen sind so gut wie ausgeschlossen: Der Kunde betritt das Geschäft, geht ohne Umwege durch es hindurch, packt den Einkaufswagen voll und steht schon an der Kasse. Selbst zur Rushhour, wenn sich im Kassenbereich voll beladene Metallwagen drängeln, ist die Sache in kurzer Zeit erledigt. Auch der Weg „zum Aldi" ist kurz. Überall in Deutschland ist eine Aldi-Filiale in der Nähe, meist nur wenige Auto-Minuten entfernt.

Das Konzept ist schnell multiplizierbar und auch eines der wenigen, die international durchsetzbar sind: begrenztes Sortiment, hohe Produktqualität, wenig Service und eine Produktpalette, die dank der Eigenmarken nicht mit dem Angebot der Konkurrenz vergleichbar ist. Aldi gibt es mit anderen Worten nur bei Aldi. Und das macht das

Die „Aldisierung" von Handel und Verbraucher

Das Schlagwort „Aldisierung" wurde zum Wort des Jahres 2005 der Schweiz gewählt.

Der Wirtschaftswissenschaftler Wolfgang Fritz definiert es als „die zunehmende Suche auch besser verdienender Konsumenten nach dem günstigsten Angebot in immer mehr Konsumbereichen. Weiterhin charakterisiert die Aldisierung den sich intensivierenden Preis- und Sonderangebotswettbewerb im Einzelhandel, der das preisorientierte Konsumentenverhalten verstärkt.

Darüber hinaus werden der Aldisierung auch problematische gesellschaftliche Auswirkungen zugeschrieben, etwa die Verödung von Innenstädten oder die Beeinträchtigung der Beschäftigungs- und der Konsumkultur".

(Aus: *Wolfgang Fritz, Die Aldisierung der Gesellschaft – Eine ökonomische Perspektive*. Braunschweig 2005)

Unternehmen so stark. Das Selbstbewusstsein des Konzerns lässt sich unter anderem am Werbeverhalten ablesen. Aldi wirbt unaufgeregt. Getreu den bekannten, ganzseitigen Anzeigen, die in der Tagespresse erscheinen, „informiert" Aldi und trommelt nicht. Zwar sind die Flyer vor allem im Süden durchaus ansprechend gestaltet, aber ein marktschreierischer Auftritt zählt nicht zum Repertoire des Discounters und wird vom Management auch nicht gewünscht.

„Mir fallen eigentlich keine richtigen Schwächen des Unternehmens ein, nur Stärken", meint ein Kenner des Hauses Aldi. „Doch die größte Stärke liegt in der Ruhe des Managements. Die Manager lassen sich von schnelllebigen äußeren Einflüssen nicht beeindrucken, sie arbeiten sich langsam und stetig voran." Dennoch wird die Strategie mit aller erforderlichen Konsequenz verfolgt. Ist eine Entscheidung erst einmal gefallen, wird sie bereits eine Stunde später kommuniziert und am nächsten Tag auf allen Ebenen bis in die Filialen hinein umgesetzt. Gerät die Umsetzung auf irgendeiner Ebene ins Stocken, wird das Manko von einem ausgefeilten Kontrollsystem schnell erkannt und der Druck auf die Mitarbeiter erhöht. Dies gilt auch für die Einführung von Produktneuheiten. Aldi ist trotz seiner eher konservativen Geschäftspolitik ein konsequent innovativer Händler. Wenn das Management Produktneuheiten als gewinnträchtig einstuft, dauert es meist nur wenige Wochen, bis sie in den Filialen verkauft werden.

Entscheidend für den Erfolg des Systems ist auch die perfekt eingespielte Logistik. Dass bestimmte Artikel ausverkauft sind und der Kunde vor leeren Regalen steht, kommt selten vor. Das Wiederauffüllen geschieht im ganzen Land mit beeindruckender Schnelligkeit und Effizienz. Auch die Expansion, das heißt die Erweiterung des Filialnetzes, ist gut organisiert. Die einzelnen Filialen unterstehen sogenannten Niederlassungen. Überschreitet eine Niederlassung die Zahl von rund 50 Filialen, so dass der einzelne Markt nicht mehr optimal betreut werden kann, so wird geteilt und eine weitere Niederlassung samt Zentrallager für die Belieferung gegründet – zumindest im Süden. Aldi Nord hat mehr Filialen pro Niederlassung. Mit Hilfe dieser dezentralen Organisation kann Aldi sein Versorgungssystem bis in die Feinheiten steuern, ohne dass die Kosten außer Kontrolle geraten.

Überhaupt ist Aldi Weltmeister im Kostenmanagement. Dass die Kosten im Unternehmen seit jeher eine zentrale Stellgröße sind, zeigen nicht zuletzt die vielen Anekdoten, die über die Brüder Albrecht in Umlauf sind. Demnach schleppte Theo Albrecht noch bis Anfang der neunziger Jahre bei Filialbesuchen innerhalb seines Imperiums im Kofferraum seines alten 280er Mercedes einen Werkzeugkasten mit. So konnte er bei anfallenden Kleinreparaturen selbst Hand anlegen. Auch im Restaurant achte Theo Albrecht darauf, keinen überhöhten Preis für ein Mineralwasser zu bezahlen, heißt es in seinem Umfeld. Auf einer Sitzung mit der Geschäftsleitung soll der Vorschlag auf den Tisch gekommen sein, in den Filialen die Standardausstattung für das Personal um einen dritten Kleiderhaken zu erweitern. Theo Albrecht fragte nach dem Preis, griff zum Taschenrechner und multiplizierte die Kosten pro Kleiderhaken mit der Anzahl der Filialen. „Zu teuer", beschied er schließlich, und das Verkaufspersonal musste weiterhin mit zwei Haken auskommen.

Auf jeder Ebene des Unternehmens, von der einzelnen Filiale bis zum Top-Management, von der Sortimentsführung bis zur Logistik, durchzieht das Prinzip der Einfachheit Aldi wie ein roter Faden. „Diese Einfachheit besticht auch den Kunden", sagt Kuhn. Ein Aldi-Markt kam vor der späten Einführung der Scannerkassen mit rund 50 Preisen in der Filiale aus. Und die Kassiererinnen waren trotz manueller Eingabe deutlich schneller als manche Kolleginnen an der Supermarktkasse, die schon lange die Ware einfach über den Scanner zogen. Trotz des Stresses, dem das Ladenpersonal ausgesetzt ist, hört man selten ein unfreundliches Wort von den Kassiererinnen. In der Branche genießt das Personal den Ruf, zum Besten zu gehören, was der Arbeitsmarkt bietet.

Der Druck auf das Personal ist erheblich, wenn auch nicht sichtbar. Im Gegenzug wird bei Albrechts für Handelsverhältnisse beinahe fürstlich entlohnt. „Aldi zahlt gut 30 Prozent über Tarif", so ein Top-Manager, der selbst lange Jahre bei dem Discounter auf der Payroll stand. „Ich bekomme dafür das Doppelte an Leistung", soll Theo Albrecht einmal gesagt haben. Zum Vergleich: Die Personalkosten bei Aldi liegen Branchenschätzungen zufolge bei zwei bis drei Prozent vom Umsatz. Ein gewöhnlicher Supermarkt hingegen muss mit dem Vier- bis Fünffachen rechnen. Allerdings gibt es bei Aldi so gut wie keine Freiräume für die Mitarbeiter. Alles wird im Voraus berechnet. Für jede Filiale wird der Personalbedarf festgelegt. Ein Überschreiten dieser Limits ist schlicht nicht vorgesehen. Alle drei Monate wird die Leistung der gesamten Mannschaft, vom Lagerarbeiter bis zum Top-Management, einzeln durchleuchtet.

Das eigentliche Erfolgsgeheimnis der Albrecht-Brüder ist jedoch weder das Kostenmanagement noch die Einfachheit der Ausführung, sondern das System. „Delegieren aber kontrollieren" – im Grunde ein simpler Mechanismus. Genau wie bei den Personalkosten pro Filiale, sind im gesamten Ablauf Kontrollschleifen eingebaut. Kommt grünes Licht, läuft die Maschinerie weiter. Kommt ein Stopp, geht der Vorgang in eine neue Runde, solange, bis schließlich ein O.K. kommt.

Der Manager durchläuft drei Phasen, die das Arbeitsleben bei Aldi prägen, berichtet ein Aldi-Mann aus den oberen Etagen. Anfangs ist fast jeder beeindruckt von der Konsequenz und der Perfektion des Systems. Das

Bemerkenswerte bei Aldi ist, dass nicht der Mensch das System vorantreibt, sondern im Gegenteil das System den Menschen. Anfangs bemerkt dies allerdings kaum jemand. „Sie sind Teil des gesamten Getriebes. Der Mensch ist ersetzbar, so will es die innere Logik." In der zweiten Phase reift allerdings die Erkenntnis, dass jeder Mitarbeiter nur der verlängerte Arm des Aldi-Systems ist und die eigene Persönlichkeit von geringerer Bedeutung. So entsteht Frustration, die steigt, bis der Angestellte schließlich am Scheideweg steht: Soll er das Unternehmen verlassen oder sich mit dem System Aldi arrangieren? Geld hilft in diesen Fällen oft über so manchen Frust hinweg. Zudem sind die Geschäftsprozesse auf jeder Ebene so ausgerichtet, dass das System sogar für das Management zum Selbstläufer wird und jeder Führungskraft Arbeit abnimmt. Vielleicht ist das einer der Gründe für die personelle Kontinuität bei Aldi. Im Top-Management sind die Posten schon seit Jahren mit den gleichen Personen besetzt. Ein Beziehungsfundament, das Gold wert ist. Die Wechselneigungen sollen jedenfalls deutlich niedriger sein als beispielsweise bei dem Erzrivalen Lidl.

Doch Aldi steht nicht nur für betriebswirtschaftliche Superlative. Bei den deutschen Verbrauchern hat Aldi den Geiz geweckt und so den gesamten Handel gezwungen, sich mehr und mehr an den Preisen zu orientieren. Der Verkauf zu Untereinstandspreisen zum Beispiel ist nur eine logische

Der Gang über die Grenzen

Viele Auslandsmärkte haben den Ruf, weniger preissensibel zu sein als der deutsche. Französische oder italienische Konsumenten, heißt es immer wieder, achten bei Lebensmitteln stärker auf Faktoren wie Vielfalt oder höchste Qualität. Dennoch hat der hiesige Discount unzweifelhaft seinen Siegeszug durch Europa angetreten.

Deutsche Discounter sind extrem wettbewerbsfähig und lehren der internationalen Konkurrenz das Fürchten. Das einfache und schnell multiplizierbare System, das mit niedrigen Investitionen für das Ladennetz und geringen laufenden Kosten auskommt, ist weltweit einmalig. Dies zeigte jüngst das Beispiel Schweiz. Im Einzelhandel der Alpen-Republik bestimmten bislang die beiden Platzhirsche Migros und Coop das Marktgeschehen. Deren Preise gehören zu den höchsten in Europa. Bedingt durch die „Isolationspolitik" der Schweizer, gilt der Markt als abgeschottet. Kurzum – eine Insel der Glückseligkeit für die einheimischen Händler. Dennoch haben sowohl Migros als auch Coop, die beide als Genossenschaften organisiert sind, in vorauseilendem Gehorsam die Preise gesenkt, als Aldi und Lidl die ersten Märkte in der Schweiz eröffneten.

Aldi denkt insgesamt konservativ über die Auslandsexpansion, vor allem Aldi Nord, während Aldi Süd hier etwas mehr Beweglichkeit zeigt. Grund des Zögerns: Jeder Discounter braucht in seinem Umfeld einen bereits entwickelten Markt mit verschiedenen Einkaufsstätten.

Denn ohne SB-Warenhaus wie Real und Supermarkt wie Edeka kann sich der Discounter nicht profilieren. Es fehlt gewissermaßen der Spiegel, um dem Konsumenten die eigenen Stärken vorzuführen. Erschlossen werden Länder wie Tschechien oder Russland jedoch zunächst durch den Bau von Abhol-Großmärkten, die lokale Tante-Emma-Läden mit Waren versorgen. Nach und nach kommen SB-Warenhäuser hinzu, später auch Supermärkte. Erst dann schlägt die Stunde des Discounts.

Strategisch ist Aldi auf langsames, aber profitables Wachstum ausgerichtet. Trotzdem wagte Aldi den Schritt über die Grenzen schon 1968 und damit zu einer Zeit, als Begriffe wie Globalisierung und Internationalisierung lediglich in den Vorlesungen der wirtschaftwissenschaftlichen Studiengänge fielen. Konzerne wie die Metro-Gruppe, die heute einen harten Internationalisierungskurs fährt und weltweit zur Nummer vier geworden ist, existierten damals in der gegenwärtigen Form noch gar nicht.

Folge. Der Markt ist dicht, und punkten kann nur noch, wer in die Preis-Trickkiste greift. „Das ist einer der Gründe, weshalb in Deutschland noch kein ausländisches Handelsunternehmen richtig Fuß fassen konnte", urteilt Kuhn. Selbst Wal-Mart, der größte Händler der Welt, macht in Deutschland Jahr für Jahr Verluste in dreistelliger Millionenhöhe. Die US-Amerikaner traten schließlich Mitte 2006 entnervt den Rückzug aus Deutschland an und verkauften ihr Filialnetz an die Metro Group.

Aldi ist außerdem die Triebfeder für die Entwicklung der sogenannten Eigenmarken des Handels in Deutschland. Handelsmarken werden exklusiv für einen bestimmten Konzern hergestellt. Sie sind günstiger als bekannte Industrie-Marken und verdrängen diese zunehmend aus den Regalen. „Beides, die starke Preisorientierung und die Zunahme der Handelsmarken, ist in der Tragweite vergleichbar mit der Einführung der Selbstbedienung in den fünfziger Jahren", so Kuhn.

Heute kaum mehr vorstellbar, wurde Aldi von der Konkurrenz zunächst lange gar nicht ernst genommen. Erst in den achtziger Jahren fingen die anderen Händler an, Aldi als potenziellen Wettbewerber überhaupt wahrzunehmen. Zu dieser Zeit war Aldi aus Sicht der Verbraucher aber bereits ein Kult-Laden, und es galt als modern, „beim Aldi" einzukaufen. Beschleunigt hat den Aufstieg auch das Aktionsgeschäft mit Nonfood-Artikeln, also das punktuelle Angebot von Konsumgütern, die nicht Lebensmittel sind. Hier zählt Aldi heute in vielen Bereichen sogar zu einem der größten Händler. Das gilt etwa bei Textilien oder Consumer Electronics.

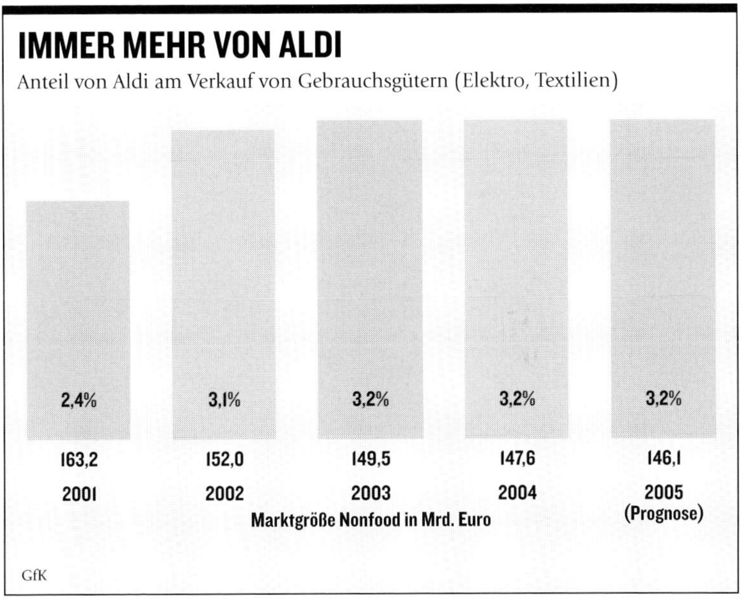

Wenn es um Elektronik, Textilien oder andere Gebrauchsgüter (sogenanntes „Nonfood“) geht, wird immer mehr beim Discounter Aldi gekauft. Das Nachsehen haben die Fachgeschäfte, vor allem wenn der Preis das entscheidende Kaufkriterium ist.

KAPITEL 3

AUS DER FRÜHZEIT DES FÜHRENDEN DISCOUNTERS

Es war Anfang der siebziger Jahre. Im Nachbarort hatte der erste Aldi aufgemacht. Meine Mutter war entsetzt. Vor allem Dosen wurden dort verkauft. Und die auch noch aus dem Karton heraus. Die Kartons standen auf Holzpaletten. Kaum Personal. Auch neu sah der Laden schon irgendwie schäbig aus, weil überall die leer gekauften Kartons herumlagen. Meine Eltern waren noch geprägt vom Bedienungsladen „um die Ecke". Im meinem Heimatdorf mit 2500 Einwohnern gab es drei solcher Läden. Dorthin ging man nicht nur, um einzukaufen, sondern auch und vor allem, um zu schwätzen. Ein Martyrium für viel beschäftigte kleine Jungen, denn so ein Einkauf konnte sich zwei Stunden und länger hinziehen.

Deshalb gefiel mir Aldi auf Anhieb: Auto abstellen, Einkaufswagen schnappen, rein, die Waren eingepackt, an der Kasse anstellen – und ruck, zuck war man wieder draußen. Das ist heute noch so. Meiner Mutter allerdings mochte das Ambiente nicht und wollte dort nicht einkaufen. Damals war sie mit dieser Haltung nicht allein. Vielen gefiel das „Gehetze" bei Aldi nicht. Anderen schien das Warenangebot zu knapp und allzu einfach. Wieder andere wollten sich nicht die Blöße geben, billig kaufen zu müssen. Meine Mutter kauft immer noch nicht bei Aldi ein, aber damit gehört sie mittlerweile zu einer verschwindend kleinen Minderheit. Heute, mehr als 30 Jahre nach der Eröffnung der ersten Aldi-Filiale in unserem kleinen Dorf, kaufen 85 von 100 Deutschen zumindest gelegentlich bei Aldi ein. Und die Gründer von Deutschlands Discounter Nummer eins sind längst mehrfache Milliardäre.

Das hätte 1946 niemand prophezeit. Damals betrieben die Albrecht-Brüder Theo (eigentlich Theodor Paul, geboren 1922) und Karl (geboren 1920) nach ihrer Rückkehr aus der Kriegsgefangenschaft ihren ersten 100 Quadratmeter großen Laden in Essen-Schonnebeck. Mit der heute bekannten Aldi-Filiale hatte der allerdings nicht viel gemein. Schon die Eltern der beiden Brüder hatten 1913 ihr erstes, 35 Quadratmeter großes Geschäft eröffnet. Schonnebeck war zu jener Zeit noch ein selbstständiges Dorf gewesen.

Zunächst von der Landwirtschaft und dann vom Bergbau geprägt, wurde es erst 1929 in Essen eingemeindet. Vater Albrecht hatte sich „unter Tage" eine Staublunge geholt und arbeitete daher später als Aushilfe in der Brotfabrik. Das Geld war knapp. Die Mutter musste dazuverdienen. Und so erzielte die Familie zusätzliche Einnahmen dank des kleinen Einkaufsladens im Arbeiterviertel.

Aber erst nach dem Zweiten Weltkrieg gaben die Söhne dem Geschäft Auftrieb. Sie waren im Handel versiert (Theo lernte bei der Mutter im Laden, Karl hatte sogar eine kaufmännische Ausbildung in einem Delikatessengeschäft in Essen absolviert) und hatten den Krieg in Afrika und an der Ostfront überstanden. Vor allem aber waren sie voller Tatendrang. Schon 1950 führten die Brüder eine kleine Kette von dreizehn Filialen. Doch noch immer hatten die Geschäfte nichts mit dem heutigen Aldi zu tun.

In dieser Zeit entwickelten die Brüder den typischen „Auftritt" von Aldi. Weil Ware nach dem Krieg knapp war, machten sie aus der Not eine Tugend: Das Angebot wurde beschränkt. Schnell merkten die Geschäftsleute, dass weniger Ware auch weniger Aufwand und weniger Kosten bedeutete. Oder umgekehrt: Man konnte mit weniger durchaus mehr verdienen. Wie viele andere aus der Kriegs- und Nachkriegsgeneration waren Theo und Karl extrem sparsam. Das galt besonders für die Unternehmensführung. Einige schöne Anekdoten werden erzählt: So soll Theo Albrecht noch heute immer zuerst das Licht löschen, wenn er einen Raum betritt. Er wolle testen, ob man auch ohne Beleuchtung auskommt, heißt es. Einmal soll ein Filialleiter vier Kugelschreiber für seine Büroarbeiten geordert haben. Sparfuchs Theo habe gefragt, wie der denn mit vier Kulis gleichzeitig schreiben wolle. In den Aldi-Märkten mussten die Angestellten lange Zeit abends Butter in den Keller tragen, weil es früher keine Kühlregale in den Läden gab. Ob das alles stimmt? Jedenfalls werden diese Begebenheiten oft zitiert, vor allem deshalb, weil Dieter Brandes sie in seinem viel beachteten Buch „Konsequent einfach" beschrieben hat. Brandes war einmal Geschäftsführer bei Aldi und schreibt informativ aus dem (damaligen) Innenleben des Discountriesen.

Verbrieft ist hingegen die Geschichte der Entführung von Theo Albrecht. Am 29. November 1971 wurde er gekidnappt. Das dramatische Erlebnis endete nach 17 Tagen und einer Zahlung von sieben Millionen Mark Lösegeld. Bei dieser Gelegenheit wurde den Deutschen klar, dass man mit den Billigläden reich werden konnte. Acht Jahre nach seiner Entführung zog Theo Albrecht vor Gericht, um das damals gezahlte Lösegeld steuerlich als Sonderabgabe absetzen zu können. Schließlich habe es sich um Betriebsausgaben gehandelt, denn er sei nicht als Privatperson, sondern als

Firmeninhaber entführt worden, argumentierte Albrecht. Die Kidnapper wurden gefasst und saßen achteinhalb Jahre im Gefängnis. Passend zum Aldi-Mythos wird eine kleine Gemeinheit über die Entführung des sparsamen Theo erzählt: Die Entführer sollen angesichts seines abgetragenen Anzugs zuerst ungläubig den Personalausweis verlangt haben, bevor sie staunend zur Tat schritten.

Wahr und doch schon Legende ist in jedem Fall, dass Aldi stets billig anbieten konnte. Schon in den fünfziger Jahren waren die geschäftstüchtigen Brüder billiger als die Konkurrenz. Das Prinzip des niedrigen Preises für ein kleines Warenangebot verhalf Theo und Karl Albrecht zu 300 Läden im Jahr 1960, aber immer noch gab es keinen Aldi, wie ihn die Deutschen heute kennen. Der erste echte Aldi-Markt, den auch der Verbraucher des einundzwanzigsten Jahrhunderts wiedererkennen würde, wurde 1962 in Dortmund eröffnet. Es war bereits ein typischer Discounter: wenig Verkaufspersonal und keine Beratung. Die Ware lag in Kartons auf den Liefer-Paletten, das Geschäft war komplett auf schnellen Umsatz ausgerichtet. Die Präsentation war billig, die Waren auch. Aus „Albrecht Discount“ wurde „Aldi“.

Die Teilung des Imperiums

Im Jahr 1960 fügten die Brüder Albrecht der deutschen Teilung zwischen Ost und West weitgehend unbemerkt noch eine weitere zwischen Nord und Süd hinzu.

Das soll an Zigaretten gelegen haben. Nach einer ganz gewöhnlichen Abstimmung über eine geplante Erweiterung des Sortiments kam es zum Bruch zwischen den Brüdern. Theo wollte die Tabakware verkaufen, Karl dagegen nicht. Allerdings war Karl – so wird erzählt – weniger um die Gesundheit seiner Kunden besorgt, als dass er eine möglicherweise hohe Diebstahlquote bei den handlichen Zigarettenpäckchen fürchtete. Jedenfalls konnten sich die Brüder nicht einigen und beschlossen, ihr „Reich“ aufzuteilen.

Seitdem zieht sich eine unsichtbare Grenzlinie quer durch Nordrhein-Westfalen und Hessen sowie entlang der Ländergrenze zwischen Bayern und Thüringen. Südlich der Mainlinie herrschte Karl, nördlich davon Theo, dem nach der Wende auch die neuen Länder zugeschlagen wurden. Über Zigaretten streiten die Brüder indes nicht mehr: Auch Aldi Süd führt sie seit 2003.

Die Teilung hat den Brüdern nicht geschadet, denn das Reichwerden schien gewissermaßen unaufhaltsam. Mitte der siebziger Jahre gab es schon mehr als 1.000 Aldi-Märkte und Mitte der achtziger Jahre waren es über 2.000. Riesensprünge machte das Geschäft noch einmal in den neunziger Jahren durch die Wiedervereinigung; die Marke von 3.000 Filialen wurde mühelos überschritten. Im 21. Jahrhundert zählten Marktforscher von Trade Dimensions für 2003 mehr als 3.800 Filialen, 2004 exakt 3.985 Märkte und 2005 genau 4.078 Läden, davon 2.453 unter dem blauen Aldi-Nord-Logo und 1.625 unter der orangefarbenen Aldi-Süd-Flagge.

Der Umsatz wuchs nach unterschiedlichen Angaben von unter 40 Millionen DM Ende der fünfziger Jahre auf über sechs bis sieben Milliarden DM Mitte der siebziger Jahre. Fast 18 Milliarden DM waren es in den achtziger Jahren und über 18 Milliarden Euro Ende der neunziger Jahre. Innerhalb eines Jahrzehnts hatten sich die Erlöse demnach noch einmal knapp verdoppelt. Trade Dimensions ermittelte für 2004 einen Umsatz im Nord-Reich von 10,7 Milliarden Euro und im Süden von 11,5 Milliarden Euro. Und das bekanntlich ohne Markenartikel. Wenige wissen allerdings, dass die Albrechts darauf ursprünglich gar nicht verzichten wollten. Es waren die Hersteller gewesen, die das noch junge Unternehmen zunächst boykottiert hatten. Die Brüder machten lediglich aus der Not eine Tugend. Dennoch führte Aldi stets auch einige wenige Markenartikel im Sortiment.

Jedenfalls sind Theo und Karl reich geworden: Die Brüder sind so wohlhabend, dass sie zumindest in Deutschland so schnell niemand einholen wird. International belegen beide in der Liste der reichsten Menschen der Welt Platz drei. Theo darf 15,1 Milliarden Euro sein Eigen nennen und Karl hat schätzungsweise 17 Milliarden Euro auf der hohen Kante. Diese Schätzungen für das Jahr 2006 stammen von Forbes. Dennoch sollen die Albrechts bescheiden geblieben sein. Karl habe stets bei Aldi eingekauft, heißt es.

Auffallend ist, dass der Süden mit weniger Filialen mehr Geld macht. Das ist der wesentliche Unterschied zwischen beiden Regionen. Die durchschnittliche Süd-Filiale ist renditestärker und erwirtschaftet deutlich mehr Umsatz und Gewinn als die Nord-Märkte. Gegenüber der Zeitschrift Manager-Magazin erklärte dies ein Aldi-Nord-Manager einmal mit den beiden Kaffeeröstereien und den Immobiliengesellschaften, die bei Aldi Nord in die Bilanz einbezogen werden. Rechne man diese Besonderheiten heraus, seien die Gewinne und die Renditen fast identisch. Das würde allerdings bedeuten, dass Aldi Nord mit dem Kaffeegeschäft und den Immobilien ähnlich gut verdient wie mit den Filialen.

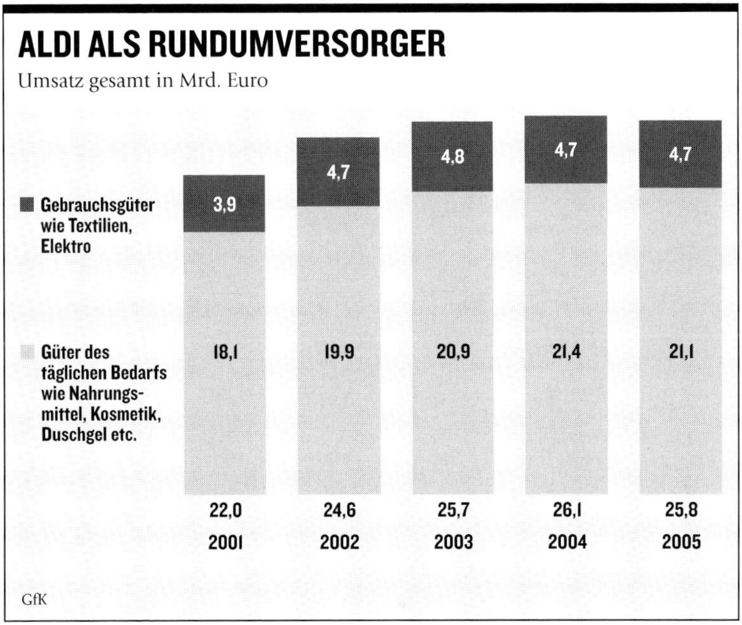

Egal ob es um so genannte Gebrauchsgüter (also Fernseher, MP3-Player, Hemden, Schuhe, Batterien und so weiter) geht, oder um Butter, Käse, Wurst und Obst (Fachleute sprechen von „Gütern des täglichen Bedarfs" oder gerne auch in Englisch von „Food") – immer mehr deutsche Konsumenten kaufen bei Aldi. Allerdings fiel dem Discount-Primus zuletzt weiteres Wachstum schwer.

Trotz der Unterschiede arbeiten die beiden Aldi-Zonen zusammen. So werden die wöchentlich wechselnden, in Zeitungsanzeigen angepriesenen Aktionsartikel in der Regel gemeinsam eingekauft. Jede Region weiß, was die andere macht. Und man lernt voneinander. Anders als einst bei Zigaretten gilt Aldi Süd bei Branchenbeobachtern als etwas schneller und moderner, zum Beispiel bei der Einführung neuer Techniken (automatische Eingangstür, bargeldloses Zahlen) oder bei Neuheiten im Sortiment. Nur bei den modernen Scannerkassen war der Norden schneller.

Es war auch Aldi Süd, der als erster sein Glück im Ausland versuchte. Österreich war 1968 das erste Land, das man mit schmalem Sortiment und günstigen Preisen beglückte. Die Läden heißen dort, wie auch in Slowenien, „Hofer", was mit Namensrechten zu tun hat, aber wohl auch Bodenständigkeit vermitteln sollte. In allen übrigen Ländern steht der Name Aldi an der Ladentür. 1976 expandierte Aldi Süd erstmals in die USA. Es folgten weitere Beteiligungen in den Vereinigten Staaten, in Belgien und den Niederlanden. Im Jahr 1988 expandierte Aldi Nord nach Frankreich und Aldi Süd 1990 nach Großbritannien. Gegen Ende der neunziger Jahre war Aldi bereits zu einem der größten Handelsunternehmen in Europa aufgestiegen. Wie das Inland wurde auch das

Ausland brüderlich aufgeteilt: Aldi Nord betreut Benelux, Frankreich, Spanien, Skandinavien und Polen. Aldi Süd bekam den Zuschlag für Großbritannien und Irland, die USA, Australien, die Schweiz sowie Österreich und Slowenien.

Im Ausland wird gerne ausprobiert, was vielleicht auch in Deutschland Erfolg haben könnte. Die Brüder Albrecht haben vor allem im internationalen Geschäft bewiesen, dass sie mehr können als Dosen aus Pappkartons von Paletten verkaufen. Im amerikanischen Lebensmitteleinzelhandel zum Beispiel ist die Ladenkette „Trader Joe's", eine Tochtergesellschaft von Aldi Nord, zur Kultadresse geworden. Diese Geschäfte würde auf Anhieb niemand mit dem deutschen Aldi in Verbindung bringen: Die angenehme Atmosphäre und das hochwertige Sortiment, Spezialitäten und sachkundige Mitarbeiter zeigen, dass Aldi auch anders kann. Auf seine Kernkompetenz allerdings hat der Discounter auch bei „Trader Joe's" nicht verzichtet: Das Sortiment ist übersichtlich und die Preise für amerikanische Verhältnisse niedrig. „Trader Joe's" ist indes keine Erfindung aus dem Hause Albrecht, die Kette wurde 1979 von ihrem Gründer an den deutschen Konzern verkauft und seither ausgebaut.

Neuland betrat Aldi Süd auch in der Schweiz. Dort eröffneten Ende Oktober 2005 die ersten Filialen. Auf 900 Quadratmetern werden laut Eigenwerbung „rund 700 qualitativ hochwertige Sortimentsprodukte" präsentiert. „Wir übertragen nicht einfach internationale Konzepte auf den Schweizer Markt, sondern haben uns intensiv mit den speziellen Schweizer Bedürfnissen auseinandergesetzt", heißt es bei Aldi Suisse. Anders als in Deutschland profiliert sich die Schweizer Landesgesellschaft mit ansprechender Präsentation der Waren und renditeträchtigen Convenience-Artikeln. Convenience steht für verzehrfertig vorbereitete Speisen und gewinnt in den Industrieländern zunehmend an Bedeutung. Auch die Angestellten der Schweizer Märkte kleiden sich etwas eleganter: Sie tragen Hemd und Krawatte oder Halstuch.

Der Eintritt in den Nicht-EU-Markt Schweiz fiel Aldi-Süd allerdings nicht leicht. Denn Aldi ist keineswegs überall beliebt und willkommen. Zahlreiche Hürden galt es in der Schweiz zu überwinden. Die Waren verteuerten nicht nur hohe Zölle, sondern auch kostenintensive Vorschriften: So verlangt der Gesetzgeber in der mehrsprachigen Schweiz, dass jede Lebensmittelverpackung in allen drei Landessprachen bedruckt wird. Hinzu kommt eine Marktsituation, in der sich zu mehr als 80 Prozent nur drei Handelsketten das Geschäft teilen: Migros, Coop und

Denner, wobei Letzterer als billiger Discounter auftritt. Hinzu kamen anfangs Lieferschwierigkeiten und Kampagnen der Gewerkschaft Unia gegen Niedrigstlöhne. Die schleppende Erteilung von Baugenehmigungen verlangsamte die Expansion in die Schweiz ebenfalls. Dennoch rechnen Fachleute damit, dass Aldi Suisse die Blaupause für ein Konzept ist, das künftig auch in Deutschland zum Tragen kommen könnte.

Im Gegensatz zu manchem erfolgreichen Firmengründer wird den Aldi-Brüdern nicht angelastet, sie könnten nicht loslassen. Jedenfalls taten sie dies teilweise und spät. Der Generationenwechsel wurde ab 1993 vollzogen. Der Einfluss der Gründergeneration und ihrer Familien ist seither eingeschränkt. Schon zuvor wurden die Geschäfte von Managern geführt. Aldi Nord und Aldi Süd betreiben in den Regionen insgesamt mehr als 60 Niederlassungen, die wiederum die einzelnen Filialen betreuen. Beide Aldi-Organisationen sind also dezentral organisiert. Die Führungsstruktur ist bei beiden identisch. Im Verwaltungsrat, einer Art Aufsichtsrat, werden die strategischen Grundsatzentscheidungen vorbereitet. Die Geschäftsführer der regionalen Niederlassungen fassen anschließend die Beschlüsse und setzen diese um. Der Geschäftsführer der Regionalgesellschaften, die als Kommanditgesellschaften eingetragen sind, fungiert als

Kommanditist und muss der Geschäftsleitung in Essen oder Mülheim Rechenschaft ablegen. Die Regionalgesellschaften haben ihren Sitz zumeist außerhalb größerer Ballungszentren, verfügen jedoch grundsätzlich über einen naheliegenden Autobahnanschluss, damit die Ware schnellstmöglich zu den Filialen transportiert werden kann. Aldi Nord beispielsweise hat Zentren in Beucha, Datteln, Essen, Greven, Herten, Minden, Radevormwald, Schwelm, Scharbeutz, Schloss Holte oder Werl.

In seinen Büchern über Aldi beschreibt Dieter Brandes die Konstruktion der Familien-Stiftung, die bei Aldi Nord ebenfalls Einfluss auf die Regionalgesellschaften hat. Die Stiftung war gegründet worden, um die Interessen der Familienangehörigen zu wahren. Eine Stiftung kann nicht aufgelöst werden, womit auch das Unternehmen dauerhaft gesichert werden soll. Aldi könnte also wegen Erbstreitigkeiten nicht zerbrechen. Ein Verkauf des Unternehmens an Dritte ist im Rahmen dieser Struktur ebenfalls kaum möglich.

An die Öffentlichkeit dringen solche Organisationsfragen und andere Interna allerdings kaum. Die meisten Kunden haben bislang nicht einmal wahrgenommen, dass Aldi aus zwei verschiedenen Unternehmen besteht. Wie diese geführt werden, scheint bei den Verbrauchern auf weitaus weniger Interesse zu stoßen als Informationen aus vielen anderen Großunternehmen. Ein Wechsel in der Führung von Aldi oder andere Nachrichten, die üblicherweise die Spalten der Wirtschaftsteile der Tageszeitung füllen, lassen im Fall des Discount-Imperiums die Öffentlichkeit offenbar kalt, solange die Läden Bedürfnisse der Kunden bestmöglich bedienen.

EDEL-ALDI ODER: DIE SPIELWIESE

Aldi kann mehr als billig. Das beweist er eindrucksvoll in den Vereinigten Staaten von Amerika, wo Aldi Nord originelle Geschäfte unter dem Namen Trader Joe's betreibt. Die Geschichte von Trader Joe's beginnt eigentlich 1958 und Trader Joe heißt korrekt Joe Coulombe. Der betrieb damals in und um Los Angeles einige Märkte namens „Pronto". Neun Jahre später wollte Joe seinen Läden eine Imagepolitur verpassen. Er vergrößerte seine Verkaufsflächen, dekorierte mit Zedernholz und maritimer Einrichtung und nahm auch Delikatessen ins Sortiment. Sein Marktleiter hieß „Captain", sein zweiter Manager „First Mate" und die Verkäufer nannten sich „Crew Members". Die „Dienstkleidung" waren bunte Hawaii-Hemden. Das war die Geburtsstunde von Trader Joe's. In den siebziger Jahren wurde Theo Albrecht auf Joe aufmerksam und 1979 erwarb er die Kette von Coulombe, der aber noch fast zehn Jahre an der Spitze des Unternehmens blieb.

Heute gibt es etwa 200 Filialen von Trader Joe's in den Vereinigten Staaten. Kunden in den US-Bundesstaaten Arizona, Kalifornien, Connecticut, Delaware, Illinois, Indiana, Maryland, Massachusetts, Michigan, Missouri, Nevada, New Jersey, Neu Mexiko, Ohio, Oregon, Pennsylvania, Virginia und Washington können dort einkaufen.

Weitere Standorte werden gesucht: Etwa 20 bis 25 neue Filialen sollen pro Jahr hinzukommen. An die Metropole New York wagte sich Joe indes erst vor kurzem. Die erste Filiale von Trader Joe's am Union Square in Manhattan erlebte bald nach ihrer Eröffnung einen enormen Andrang und führte den Kultstatus des Einzelhändlers eindrucksvoll vor Augen. Dass ein Supermarkt einen Türsteher braucht, um den Kundenansturm zu dosieren, dürfte in Manhattan ziemlich selten sein. Am ersten Samstag nach der offiziellen Premiere im März 2006 war die Schlange vor dem Geschäft 100 Meter lang. Und auch am darauffolgenden Sonntagmorgen drängelten sich die Menschen in dem nur wenige hundert Quadratmeter großen Geschäft. Vor den Kassen entstanden Staus, die sich quer durch den Laden zogen. Schließlich platzierte der Filialleiter am Ende der Schlange eine Mitarbeiterin mit dem Schild: „Line ends here".

Was in Manhattan in die Kassen fließt, kommt auch dem deutschen Mutterunternehmen zugute, denn Trader Joe's ist eine echte Tochtergesellschaft von Aldi Nord. Daneben gibt es übrigens auch „richtige" Aldis in den Vereinigten Staaten, die allerdings Aldi Süd betreibt. Im Jahr 2006 waren dies rund 800 Märkte in 26 Bundesstaaten. Dass Trader Joe's ein getarnter Aldi ist, merkt der Besucher nirgendwo im Laden. Auch im Internetauftritt des Händlers gibt es keinen Hinweis auf die deutschen Besitzer. Gemeinsamkeiten lassen sich allenfalls aus der Organisation und Struktur folgern. Das Sortiment ist auch bei Trader Joe's überschaubar: Geführt werden etwa 3.000 Artikel, davon sind mehr als 2.000 Eigenmarken. Allerdings werden weit weniger Allerweltsprodukte angeboten als in Deutschland. So sind koschere Erzeugnisse ebenso zu haben wie Sojaprodukte oder glutenfreie Speisen, drei Jahre alter Parmigiano Reggiano Stravecchio oder Senf mit Sake-Wasabi. Trader Joe's will sich auch mit Lebensmitteln ohne künstliche Zusatzstoffe profilieren. So soll es keine Produkte mit genetisch veränderten Zutaten geben, und auch Konservierungsstoffe, Aromen und Farbzusätze sind verpönt. Wenn möglich, kommen biologisch angebaute Erzeugnisse („organic") in die Regale.

„Joe" verspricht „to bring our customers unique, high quality products for great value", also einzigartige Produkte von hoher Qualität. Da die meisten Bewohner Manhattans auf ein Auto verzichten, gibt es zusätzlich einen Lieferservice. Er stellt innerhalb von zwei Stunden zu – oder „versucht es jedenfalls", wie mit typischer Ironie eine Aufschrift auf einer Schiefertafel im Laden verspricht. Die Preise sind niedriger, als es die Kunden in Manhattan gewöhnt sind: Drei Dollar für ein paar Avocados ist billiger als bei Dean & Deluca oder Whole Foods. Der durchschnittliche US-

Bürger gibt 12.000 Dollar pro Jahr im Einzelhandel aus. Doch trotz des hohen Niveaus: Auch der Amerikaner will nicht mehr bezahlen als nötig.

Auf eine vergleichbare Warenpräsentation wie hierzulande, das heißt Palettenaufbau und Wühltische, trifft man in den USA jedoch nicht. Stattdessen sind die Wände holzgetäfelt und handbeschriftete Schiefertafeln verweisen auf die neuesten Spezialitäten. Direkt am Eingang gibt es Blumen und in einer Probierküche werden Häppchen gereicht. Die Kaffee-Eigenmarke in edler Dose kann der Kunde direkt im Laden mahlen lassen. Die Kassenzone ist offen, die Kassierer und Kassiererinnen stehen an Holztischen, diszipliniert stellen sich die Kunden vor dem Kassenbereich an. An der Kasse braucht niemand zu fürchten, dass ihn jemand von hinten bedrängt und auf die Kreditkarte linst. Kurz nach Öffnung machte gleich neben Trader Joe's noch ein Weingeschäft unter gleichem Namen auf.

Allerdings ist kaum zu erwarten, dass „Joe" nach Europa kommt. Zu verschieden sind die Mentalitäten, Einkaufsgewohnheiten und Einkaufsvorlieben. Übrigens ist Trader Joe's genau wie die deutschen Discountbrüder Albrecht absolut verschwiegen. Planet Retail schätzte den Umsatz für das Jahr 2005 auf 2,57 Milliarden Dollar.

Kartoffelprodukte
Gemüse

KAPITEL 4

HERAUSFORDERUNGEN FÜR DIE UNGEKRÖNTEN KÖNIGE DES HANDELS

Zu Beginn des neuen Jahrtausends waren die Brüder Albrecht die unumstrittenen Herrscher im deutschen Handel. Die Standortzahl der Discount-Läden insgesamt, also inklusive Lidl, Plus und den übrigen, hatte sich binnen eines Jahrzehntes auf 12.750 nahezu verdoppelt; der Umsatz der gesamten Branche war gleichzeitig von 18 Milliarden auf 41,7 Milliarden Euro geklettert, so die Analyse der Commerzbank. Kann dieser Boom fortdauern? Der Markt ist eng geworden, denn Deutschland hatte bereits im Jahr 2000 einen Flächenüberhang im Lebensmitteleinzelhandel, das heißt, es gab gemessen an der Einwohnerzahl weit mehr Läden, als die Bevölkerung überhaupt brauchte.

Wie war es zu diesem Überfluss gekommen? Im Kampf um Marktanteile ist das Filialnetz und dessen Beschaffenheit eine zentrale Größe. Über die meisten Standorte verfügten nach Zahlen der Commerzbank die Discount-Ableger von Tengelmann und Rewe, also Plus und Penny. Die teilweise veralteten Plus- und Penny-Märkte lagen aber meist deutlich unter der Durchschnittsgröße einer modernen Discountfiliale. Die größten Läden in der Branche hatten Aldi Süd mit durchschnittlich etwa 800 Quadratmetern, Aldi Nord mit 780 Quadratmetern und Netto Schels mit 745 Quadratmetern. Eine Gruppe für sich bilden Penny (im Schnitt etwa 553 Quadratmeter), Plus (540 Quadratmeter) und Norma (525 Quadratmeter), während Netto Stavenhagen (502 Quadratmeter) und Lidl (665 Quadratmeter) bewusst andere Konzepte gewählt haben. Die Mindestanforderungen an potenzielle Standorte sehen für alle Händler gleich aus: Es müssen Grundstücke mit 4.000 bis 6.000 Quadratmetern gefunden werden, auf denen Ladenlokale mit insgesamt 1.200 Quadratmetern Nutzfläche sowie Kundenparkplätze errichtet werden. Außerdem müssen gute Anlieferungsmöglichkeiten für LKWs gewährleistet sein.

Auch bei den Filialen und deren Dimensionierung ist Aldi das Maß aller Dinge. Der Bedarf an größeren Verkaufsflächen wuchs vor allem mit der Ausrichtung auf Nonfood-Aktions-Angebote.

Diese fügten dem Erfolgsmodell Aldi einen weiteren wichtigen Mosaikstein hinzu. Legendär geworden sind zum Beispiel die Aktionen mit PCs, Druckern und Software, die sogar tumultartige Szenen in und vor den Läden auslösten. Bald gab es wöchentlich wechselnde Angebote aus allen denkbaren Themenwelten wie Trekking, Auto, Sport, Textil oder Wohnen und Unterhaltungselektronik. Die Filialen der Discountbranche wurden immer größer. „Größere Verkaufsflächen ermöglichen ein breiteres Nonfood-Sortiment, was den permanenten Druck auf die Handelsspanne mildert“, erklärt Commerzbank-Analyst Jürgen Elfers. Mit anderen Worten: Was sich mit Lebensmitteln nicht verdienen lässt, wird durch den Verkauf von Computern, Fernsehern oder Kleidung ausgeglichen. Außerdem sorgen wechselnde Schnäppchen-Angebote für Schwung im Laden. Allerdings funktioniert das nicht immer. Aktionsware, die nicht verkauft wird, muss abgeschrieben werden und erzeugt wiederum Druck auf die ohnehin knapp kalkulierte Spanne.

Die Konkurrenz musste wohl oder übel Schritt halten und ihre teilweise überalterten Läden und Verkaufsstrukturen modernisieren. Als entscheidend erwies sich die Größe der Filiale. Von der verfügbaren Fläche hängt unter anderem ab, wie viel neue Waren (freiverkäufliche Arzneimittel, Bio-Produkte, Frischfleisch) dauerhaft ins Angebot aufgenommen werden können. Steigt die Anzahl der

Sortimentsbausteine, so wächst der Platzbedarf der einzelnen Filialen auf etwa 1.300 bis 1.400 Quadratmeter Verkaufsfläche. Auch dafür hat Aldi schon vorgesorgt. Die neuesten Standorte verfügen in der Regel bereits über mehr Verkaufsfläche als zum Zeitpunkt der Eröffnung benötigt; zur Not kann außerdem das Handlager in den Verkaufsbereich integriert werden.

Während Aldi Nord (25,7 Prozent Umsatzanteil am gesamten Discount-Geschäft in Deutschland) und Aldi Süd (22,1 Prozent) die Branche dominierten, lagen Lidl (15,2 Prozent), Plus (12,7 Prozent) und Penny (12,2 Prozent) im Jahr 2006 etwa gleichauf. Da der Branchenprimus schon sehr groß war, wiesen Aldi Nord und Aldi Süd eine geringere Umsatzdynamik als die Wettbewerber aus, nämlich sechs bzw. 5,2 Prozent jährlich. Dabei war Aldi Nord dadurch begünstigt, dass er den Osten Deutschlands erschlossen hatte. Was die Umsätze der Filialen gemessen an der Verkaufsfläche betraf, war der Marktführer immer noch eine Klasse für sich. Drei von acht Unternehmen lagen über dem Branchendurchschnitt: Aldi Süd, Aldi Nord und Netto Stavenhagen. Lidl dagegen lag allenfalls im Mittelfeld.

Die großen Trends der Lebensmittelbranche

Der deutsche Lebensmitteleinzelhandel hat tiefe strukturelle Veränderungen durchlaufen, seit sich der vom selbstständigen Kaufmann geführte „Tante-Emma-Laden“ in den sechziger Jahren allmählich aus dem öffentlichen Raum verabschiedete. Dies sind heute die großen Trends einer Branche, die in einem extrem wettbewerbsintensiven Umfeld um Kunden werben muss:

- **Nonfood-Sortimente werden aggressiv vermarktet.**
- **Die Werberhythmen werden verkürzt, um mit neuen Angeboten mehr und öfter Kunden in die Läden zu locken.**
- **Experten zufolge haben die verschiedenen Vertriebslinien (zum Beispiel: klassischer Supermarkt, SB-Warenhaus, Discount) unterschiedliche Wachstumsperspektiven. Wesentliche Bestimmungsgrößen sind der Preis und die Lebensmittelsicherheit. Gute Aussichten haben daher die Discounter (wegen der attraktiven Preise) und SB-Warenhäuser oder Supermärkte, sofern sie glaubhaft machen können, dass sie Lebensmittelsicherheit garantieren.**
- **Spezialisten sehen das Risiko, dass wichtige internationale Innovationen wie Convenience-Produkte (zum Beispiel Fertigsalate oder Schnellgerichte) sich in Deutschland nicht etablieren, da der Preisdruck auf den Handel zu groß ist.**
- **Sogenannte „Retail Brands“ (das heißt, nicht ein einzelner Hersteller, sondern der Händler selbst ist zur Marke geworden wie etwa Ikea, H&M oder Aldi) haben erhebliche Wettbewerbsvorteile, gegen die nur der Preis als Instrument eingesetzt werden kann. Für die Konkurrenten von Aldi besteht demzufolge im Hinblick auf das „Branding“, also den Aufbau der Marke, noch erheblicher Nachholbedarf.**

„Der gesamte deutsche Lebensmittelumsatz stagniert seit Beginn des neuen Jahrtausends, dabei nimmt die Verkaufsfläche insgesamt weiter zu und die preisaggressiven Formate scheinen die einzigen Gewinner zu sein", schreibt die Unternehmensberatung KPMG mit Sitz in Köln in ihrer Studie *Trends im Handel 2010*, die sie zusammen mit dem Standardisierungs-Unternehmen GS 1 Germany und dem damaligen EHI Eurohandelsinstitut (heute Europäisches Retail Institute) erstellt hat. Der Umsatz im Lebensmitteleinzelhandel beträgt rund 127 Milliarden Euro für alle Vertriebsschienen. Gut 40 Prozent davon fließen in die Kassen der Discounter. „In erster Linie sind Aldi und Lidl die Gewinner, aber auch die anderen Billiganbieter partizipieren von der Discount-Affinität der deutschen Konsumenten."

Discount bleibt des Deutschen Liebling: „Die Verbraucher haben ihre Einkaufspräferenzen weiter verschoben", urteilt die Nürnberger Gesellschaft für Konsumforschung (GfK) im Rückblick auf das Jahr 2005. Neben der zunehmend angespannten Finanzlage vieler Haushalte haben auch die Expansion der Discounter sowie deren Sortimentspolitik zum Ausbau des Marktanteils der „Kistenschieber" beigetragen, wie der Discounthandel in der Lebensmittelbranche ironisch genannt wird. Im Jahr 2005 wurden 817 neue Discounterfilialen eröffnet und 605 alte geschlossen. Das macht ein Plus von 212 Märkten. Im gleichen Jahr haben die Discounter die 40-Prozent-Anteilsmarke am gesamten Lebensmitteleinzelhandel überschritten. Für die Vertriebsschiene Discount war insgesamt ein Umsatzwachstum von 2,6 Prozent verzeichnet worden. Allerdings merkten die Marktforschungsexperten an: „Bei einem gleichzeitigen Flächenzuwachs von vier Prozent geht auch die Flächenproduktivität der Discounter zurück." Der Markt für Billig-Märkte ist endlich. Zwar wurden in früheren Jahren von vielen Branchenexperten fälschlicherweise immer wieder neue Wachstumsgrenzen gezogen, die der Discount schließlich doch durchbrechen konnte. Doch heute zeichnet sich ab, dass jenseits der Marke von 50 Prozent Marktanteil für den diskontierenden Handel nichts mehr zu holen ist.

In Deutschland, wo Aldi Nord und Süd zusammen genommen 55 Prozent ihres Umsatzes machen, sind die Erlöse rückläufig. Im Norden stiegen laut Marktforschungsunternehmen Trade Dimensions auf Basis von Unternehmensangaben das letzte Mal 2002 die Umsätze um knapp zwei Prozent auf 11,36 Milliarden Euro. Seither sanken sie auf zuletzt 10,43 Milliarden Euro im Jahr 2005. Im Süden sieht es etwas besser aus. Dort verzeichnete Aldi noch 2003 ein Umsatzplus von 2,65 Prozent auf 11,62 Milliarden Euro. Für 2005 schätzte Trade Dimensions die Umsätze im Süden auf noch 11,28 Milliarden Euro.

WER BESTIMMT DEN HANDEL?

Umsatzanteile verschiedener Geschäftstypen in Prozent

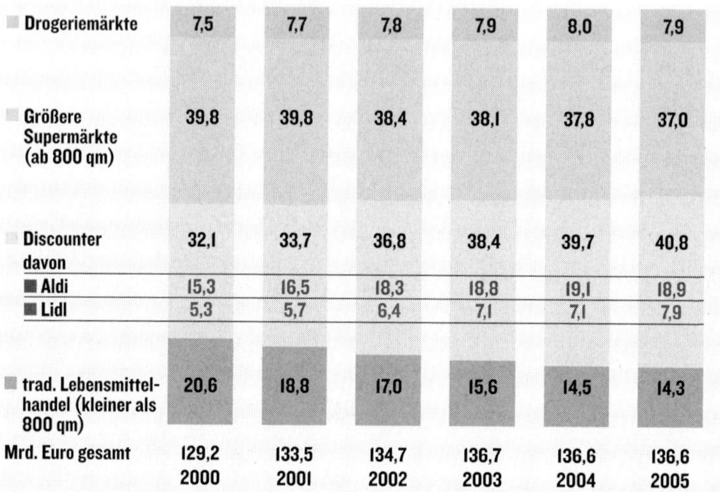

Marktforschungsinstitute

Diese Grafik zeigt wo die Deutschen einkaufen. Immer noch haben die kleinen Geschäfte (mit weniger als 800qm Verkaufsfläche) ihre Bedeutung, aber sie wird immer geringer. Wichtig sind die größeren Geschäfte. Immer wichtiger allerdings werden die Discounter. Diese Entwicklung wird nachhaltig von Aldi und Lidl bestimmt.

Zudem stagnierte das Nonfood-Geschäft im Discountsegment. Nicht ohne Grund eröffnete Aldi einen Restepostenladen in Mannheim und schlug Lidl in seinen Mega-Cent-Stores die vielen Ladenhüter los. „In den vergangenen Jahren ist Aldi vor allem durch die Aktionsware gewachsen. Dieses Segment sorgt inzwischen aber auch für viele Probleme", führte der Ex-Aldi-Manager Dieter Brandes aus.

Experten zufolge müsste Aldi Nord auch außerhalb des Sortimentes an seinem Auftritt arbeiten. „Die Läden machen noch immer einen billigen, leicht angestaubten Eindruck. Da muss mehr Pep rein", fordert Matthias Queck vom Marktbeobachter Planet Retail. „Es wird zu weiterem Sortimentsausbau kommen, soweit es die Kostenführerschaft zulässt", schätzt ein Insider. Die größte Herausforderung für Aldi scheint zu sein, sich immer wieder neu zu erfinden. Die Sortimente müssen fortlaufend umgeschichtet werden und schließlich neue Angebote wie Telefon-Karten, Handys, Reisen oder Versicherungen für den Discounter entdeckt und erschlossen werden.

Gleichzeitig haben sich der Norden und der Süden konzeptionell voneinander entfernt. Trotz der unbestrittenen Führungsrolle auf dem Markt bestanden innerhalb der Aldi-Gruppe Unterschiede. Der Süden wies dank des moderneren Filialnetzes höhere Filialumsätze aus. Zudem leben im ohnehin reicheren Süden der Republik mehr Menschen. Pro Filiale ist das Einzugsgebiet damit dichter besiedelt, und mehr Kunden gehen in der Filiale einkaufen. Dem Norden war nach der Wiedervereinigung der Osten Deutschlands zugeschlagen worden, wo die Kaufkraft geringer ist als im Westen.

„Der Norden wird zum 'Armeleute-Laden', der Süden zum 'Edel-Discounter mit akademischer Note'", sagt ein Unternehmenskenner. Der Süden wirkt schlicht moderner. Die Läden sind größer, das Sortiment ebenfalls. „Abgesehen von den Scannerkassen, hat der Süden die meisten Innovationen wie Nonfood-Aktionen oder das Thema Food-Welten – Stichwort Asia-Woche – schneller aufgenommen als der Norden", meint Handelsexperte Herbert Kuhn. Der Süden hatte seit jeher, wenn auch in begrenztem Umfang, Marken im Sortiment. Das waren meist Sondergrößen, die folglich billiger waren als bei der Konkurrenz, wie zum Beispiel Haribo.

Zwar war Aldi auch zu Beginn des neuen Jahrtausends unangefochtener Marktführer. Doch der Erzfeind Lidl, ein Unternehmen der Schwarz-Gruppe, hatte beträchtlich aufgeholt. Der Neckarsulmer Discounter steigerte im Jahr 2005 seinen Umsatz um 6,12 Prozent auf rund 13 Milliarden Euro. Einen großen Teil dieser Dynamik speist allerdings die

Expansion: Allein zwischen 2002 und 2005 kamen 370 Filialen hinzu. Lidl hat sein Frischesortiment ausgeweitet und erzielt auch durch die höhere Einkaufsfrequenz in diesem Bereich überdurchschnittliche Umsatzzuwächse. Markenprodukte erweisen sich dabei als entscheidender Faktor. Mit Handelsmarken erzielte das Unternehmen im Schnitt 2005 ein Plus von neun Prozent, mit Markenprodukten nahm Lidl 16 Prozent mehr Geld ein.

Attackiert wird Aldi auch von einem zweiten Format aus dem Schwarz-Imperium: dem Großflächendiscounter Kaufland, der Aldi mit einer größeren Auswahl in die Zange nimmt. Laut Trade Dimensions kam Kaufland in Deutschland 2005 auf 500 Filialen und einen Bruttoumsatz von 9,7 Milliarden Euro. Der Zuwachs im Vergleich zum Vorjahr lag bei 4,3 Prozent. Die Tendenz war steigend, und das, obwohl der Gesamtumsatz im Lebensmittelhandel seit Jahren schon kein Wachstum mehr kennt. Der Lebensmittelhandel ist längst zum Verdrängungsmarkt geworden: Die Verbraucher sind zu Mehrausgaben nicht bereit, also müssen Umsätze der Konkurrenz abgenommen werden. Das Auslandsgeschäft steuerte weitere 2,33 Milliarden Euro zum Erlös von Kaufland bei und soll ausgebaut werden. Allerdings ist das Problem der Kette, dass die Großfläche ein größeres Grundstück braucht, mit entsprechend großem Einzugsgebiet. Zumindest im Norden Deutschlands besteht jedoch noch einiges Wachstumspotenzial für den Großflächendiscounter.

„Die Schwarz-Gruppe ist die einzige, der es gelungen ist, den Begriff Discount zu erweitern. Lidl hat früher als die anderen Discounter das Angebot an Marken und Frischware ausgeweitet", sagt Herbert Kuhn. Die Schwarz-Gruppe macht Aldi zu schaffen. Von oben drückt der Großflächendiscounter Kaufland, und im unmittelbaren System-Wettbewerb muss sich der Aldi mit Lidl messen. In diesem Duell geht es häufig genug darum, den Markt zu besetzen und allein durch schiere Größe die Konkurrenz fernzuhalten. Üblicherweise wird Ware von den Handelsunternehmen erst bezahlt, wenn sie bereits seit drei, vier Wochen verkauft ist. Das so frei werdende Geld wird in die weitere Expansion investiert. Ein Schneeballsystem also, das unendlich weiterrollen würde, wenn ihm nicht natürliche Grenzen gesetzt wären. Lidl orientiert sich bei der Standortsuche an Aldi, den er als Frequenzbringer nutzt. Lidl hat ein jüngeres Image und die jüngeren Käufer. So kommt es, dass die Märkte oft in unmittelbarer Nähe errichtet werden.

Oberflächlich betrachtet hat Schwarz den Brüdern Albrecht den Schneid schon abgekauft. Allein in den Jahren von 2002 bis 2004 hatte die Schwarz-Gruppe den Umsatz um rund 44 Prozent auf gut 36 Milliarden Euro gesteigert.

2005 wurde auch die symbolische Hürde von 40 Milliarden genommen. Die Zahl der Filialen des Discounters Lidl wird in naher Zukunft allein in Deutschland auf rund 3.500 steigen. Europaweit sehen Marktbeobachter ein Potenzial von 10.000 Filialen, ließ das Unternehmen wissen. 2006 betrieb die Gruppe in 20 Ländern mehr als 6.000 Filialen. Weltweit hat also Schwarz, schließt man Kaufland ein, Aldi schon überholt. „In Europa ist Lidl 2005 an Aldi vorbeigezogen", bestätigt Matthias Queck. „Bei der Internationalisierung scheint Aldi die Entwicklung in Osteuropa etwas verschlafen zu haben." Allerdings zieht es Aldi ausschließlich in reife Märkte, wo das Unternehmen leichter die Discount-Nische besetzen kann. Zudem setzt Aldi verstärkt auf den sogenannten Last-Mover-Advantage: Man nutzt die Erfahrungen der Pionier-Unternehmen und profitiert von diesen, anstatt selbst hohe Risiken auf unbekanntem Terrain einzugehen. „Dennoch muss man auch gerade im Lebensmitteleinzelhandel früh Präsenz zeigen, um beim Verbraucher als Marke wahrgenommen zu werden. Dies hat Lidl längst erkannt", glaubt Queck.

In den Auslandsmärkten bewegte sich Aldi noch 2006 gemessen am Marktanteil auf niedrigem Niveau – trotz teils schon jahrzehntelanger Präsenz. Die einzigen Ausnahmen sind Österreich, wo Hofer (Aldi Süd) unangefochten die Discountbranche dominiert, und Belgien. Die Ursachen dafür sind vielfältig. So sind beispielsweise in Großbritannien (Aldi Süd) die Verbraucher wohl genauso preisbewusst wie die Deutschen, aber das Image spielt eine deutlich größere Rolle: Die Engländer wollen nicht in einem Billigladen einkaufen. Ähnlich wie in der Schweiz ist im Vereinigten Königreich der Anteil an Eigenmarken des Handels deutlich höher als in Deutschland. Damit entfällt aber ein entscheidendes Profilierungsfeld von Aldi. Und schließlich schläft die Konkurrenz nicht. Ermahnt durch die Ankunft der Billiganbieter haben die klassischen britischen Handelskonzerne vergleichsweise früh das Preiseinstiegssortiment besetzt.

„Das Rennen ist seit ungefähr zwei Jahren entschieden. Lidl wird – etwa im Jahr 2020 auch global – die unangreifbare Nummer eins im Discount sein", prophezeit ein hochrangiger Discount-Manager. Seine Prognose fällt düster aus: „Vielleicht, aber nur vielleicht, kann Aldi die Bastion Deutschland halten. Auf europäischer Ebene ist der Zug abgefahren. Schon heute ist Lidl mit etwa 27 Milliarden Euro deutlich größer als Aldi Nord und Süd. Lidl verzeichnet ein jährliches Wachstum von 14 bis 20 Prozent, Aldi dagegen etwa vier Prozent. Selbst bei einem eigentlich nicht korrekten Zusammenfassen der beiden Aldi-Umsätze dürfte im Jahr 2008 die Angelegenheit erledigt sein."

Aldi steht vor einem Dilemma: Wird am Sortiment und am Auftritt nichts verändert, verzichtet der Discounter unter Umständen auf Umsätze. Ohne schnellere Expansion werden die Märkte von der Konkurrenz besetzt. „Ändert Aldi sein Geschäftsmodell, verlässt er aber die Grundlage seines Erfolgs. Denn wenn künftig immer mehr Markenprodukte in den Regalen stehen und Dienstleistungen wie Handykarten oder Reisen angeboten werden sollten, würde die simple Aldi-Welt komplex. Aldi verlöre seine Alleinstellung", folgerte das Manager Magazin. „Ein Trading Up ist erkennbar, aber dies ist problematisch, weil Aldi dann von unten angreifbar wird", sagt auch Marketing-Professor Hermann Diller. Als Trading Up bezeichnet die Branche eine Aufwertung des Marktauftrittes, die zum Beispiel durch eine optisch ansprechendere Ausstattung und ein höherwertiges Sortiment erreicht werden soll.

Allerdings wäre es verfrüht, die Totenglocke für Aldi zu läuten. Der führende Discounter hat im Jahr 2005 sein Nonfood-Sortiment von etwa 18 Prozent des Gesamterlöses spürbar reduziert. Dies habe maßgeblich zum Rückgang des Umsatzes beigetragen, urteilten die Marktforscher der GfK. Das Umsatzwachstum für Lebensmittel allein lag höher. Das Aldi-Management reduzierte daraufhin Sortiment und Kosten, so dass die Gewinnrückgänge nur gering ausfielen. Hinzu kommt, dass Aldi nach Umsatzrückgängen im ersten

STETS AUFWÄRTS

Entwicklung der Handelsmarken-Umsätze im LEH für Güter des täglichen Bedarfs (ohne Obst, Gemüse, Fleisch, Wurst, Molkereiprodukte)

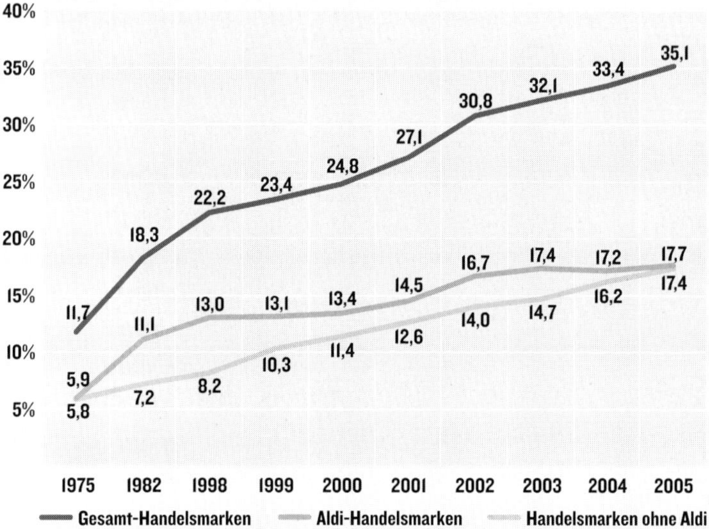

GfK

Die sogenannten Handelsmarken, also Produkte, die unter einem Namen des jeweiligen Händlers verkauft werden, gewinnen in Deutschland an Bedeutung. Im Gegensatz dazu verlieren die klassischen Marken (also Artikel, die vom Hersteller mit viel Werbung über den Handel verkauft werden). Motor dieser für Handelsmarken positiven Entwicklung ist Aldi.

Halbjahr 2005 in der zweiten Jahreshälfte des Folgejahres wieder um fünf Prozent zulegte. Aldi verdiente also Geld und war darüber hinaus in Deutschland gar nicht auf schnelle Expansion aus. Aldi kommt mit weniger Artikeln auf sehr hohe Umsätze und Marktanteile am gesamten Lebensmitteleinzelhandel. Bezieht man folglich den Umsatz auf die Artikelzahl, sieht man die Macht von Aldi deutlicher. Der Marktanteil schnellt in dieser Betrachtung deutlich hoch.

Warum Aldi auf die aggressive Expansion von Lidl nicht stärker reagiert, gibt den Experten dennoch Rätsel auf. Möglicherweise warten die Aldi-Manager ab, weil Lidl sich durch ständige Sortimentausweitungen stärker zum diskontierenden Supermarkt entwickelt und sich so mehr und mehr von der ursprünglichen Discount-Idee entfernt. Auch am Konzept wird bei Aldi stets weitergefeilt. So wird etwa in Frankfurt am Main ein neues Auftreten getestet: Innenstadt, Wohngebiet und keine Parkplätze. „Der Laden läuft", meint Kuhn.

Die Attacken des Konkurrenten haben nichts daran geändert, dass Albrecht noch immer einen unvergleichlich guten Ruf genießt. Noch immer ist die Marke Programm. Zudem erzielt Aldi mit Renditen von 2,7 bis 5,9 Prozent vor Steuern im Inland für die Branche ungewöhnlich hohe

Gewinne. Das Aldi-Imperium ist finanziell äußerst solide. Sicher könnte der Branchenprimus ebenfalls schneller wachsen, aber Effizienz und Rentabilität haben einen höheren Stellenwert. Aldi tickt eben etwas anders. Das Lidl-Sortiment dagegen wird zunehmend ausgeweitet, was zu Lasten der Effizienz geht. Aldi geht bei der Beschaffung nationale Wege und sucht sich in den einzelnen Ländern zuverlässige Lieferanten, die gute Qualitäten garantieren. Lidl stülpt den unterschiedlichsten Ländern stets das gleiche Sortiment über. Das schmeckt den Kunden nicht immer.

„Zumindest Aldi Süd passt sich im Ausland gut an und wird weiter erfolgreich sein“, so ein Branchenkenner. Die Versuche in Großbritannien und in der Schweiz zeigen dies. In Großbritannien hat Aldi einiges verändert und das dortige Konzept auf Quality-Discount getrimmt. „Aldi muss zunächst die Kunden in seine Filialen bringen. Haben die Menschen aber Aldi-Produkte gekauft, ist die größte Hürde genommen, denn sie merken schnell, dass die Produkte gute Qualitäten ausweisen“, so Beobachter Queck. Auch sollen weitere Länder wie Polen, Portugal, Ungarn, Kroatien und Griechenland erschlossen werden; Länder allerdings, in denen Lidl zum Teil schon wartet.

Ein mögliches Zukunftsmodell von Aldi zeigt das Beispiel Schweiz: Helle Marktatmosphäre, zum Teil Holzregale und sogar ein ausgeleuchtetes Weinregal. Ein Testlabor, das wohl auch Elemente entwickelt, die sich auf die übrigen Filialen übertragen lassen, und ein Filial-Typ, der mehr Qualität vermittelt. Aus gutem Grund, denn die beiden Schweizer Marktführer Migros und Coop haben sich auf den großen deutschen Wettbewerber eingestellt. Sie hatten seit jeher einen sehr hohen Eigenmarkenanteil. Aldi hat mit seinen Private Labels in der Schweiz demnach keine Alleinstellung. Zudem achten die Konsumenten der Eidgenossenschaft, ähnlich wie in Großbritannien, auf Qualität und Umweltschutz. Dies spiegelt sich auch in der Positionierung Aldis wider.

Zu guter Letzt ist die Schwarz-Gruppe ausschließlich in Europa vertreten, wogegen Aldi mit den USA und Australien auch in Übersee präsent ist. „Aldi ist damit besser aufgestellt und die Märkte sind deutlich lukrativer“, so Queck. In den USA verfügt Aldi Süd bereits über ein Filialnetz von rund 800 Standorten und hat sich als Discounter schon einen Namen gemacht. Mit einem Umsatz von 6,59 Milliarden Euro ist die USA der stärkste Auslandsmarkt und bei einem Marktanteil von noch nicht einmal einem Prozent bleibt noch einiger Spielraum. Auch Aldi Nord ist in den USA vertreten. Er kaufte 1979 das Filialunternehmen Trader Joe’s. Die Läden wirken als eine Art Delikatessen-Discounter zwar für deutsche Besucher ungewöhnlich, sind aber mit einem Jahresumsatz von 2,57 Milliarden Euro äußerst erfolgreich. Selbst Wochen nach der Neueröffnung eines Ladens in New York reichen manchmal die Schlangen bis auf die Straße. Trader Joe's ist aber kein Harddiscounter, der nur preisgünstige Eigenmarken führt, sondern eher ein Shop für Premium-Produkte mit sehr vielen Eigenmarken. Hierzulande bietet Aldi lediglich Pistazien und Trockenpflaumen, die auch in den US-Geschäften geführt werden, unter dem Label Trader Joe's an. Wie stark Aldi künftig in den USA wird, hängt natürlich davon ab, wie die dortige Konkurrenz reagiert. „Wal-Mart zum Beispiel hat in Deutschland nun nicht die besten Erfahrungen im Wettbewerb mit Aldi sammeln können", meint Queck. Das dürfte auch dem US-Management des Handelsriesen nicht entgangen sein. Aldi wird in den USA genau beobachtet.

Gegenmaßnahmen der US-Konkurrenz dürften nicht auf sich warten lassen und ein heimliches Erstarken des deutschen Eindringlings scheint mithin nicht wahrscheinlich. Andererseits ist der US-Markt, sieht man von Wal-Mart einmal ab, eher fragmentiert, was die Chancen von Aldi verbessert. Denn es ist leichter, viele kleinere Händler auszubooten, als mit fünf nationalen Händlern von der Größe eines Wal-Mart zu wachsen. Gemessen an europäischen Maßstäben, liegt der US-Markt hinsichtlich Konzentration und Wettbewerbsintensität zehn bis fünfzehn Jahre zurück.

Kuhn spricht in Bezug auf Aldis Expansion im Ausland von einer Lawine, „die langsam ins Rollen kommt, allmählich größer wird und schließlich vieles überrollt, was sich ihr in den Weg stellt". Auch in Deutschland habe der Vorzeigediscounter mehr als 20 Jahre gebraucht, um die heutige Größe zu erreichen. Möglicherweise wartet man in den Aldi-Zentralen nur darauf, dass das Schneeballsystem Lidl zum Stillstand kommt. Das Aldi-Management denkt nicht in Dimensionen von Jahren, sondern von Jahrzehnten.

MANNHEIMS RESTERAMPE

„Zugegeben, in einem Laden geht es nicht immer zu wie im Märchen. Aber wir glauben, mit unserem Angebot von überraschend vielseitigen und hochwertigen Aktionsartikeln unseren Kunden immer wieder tausendundeine Gelegenheit bieten zu können, bei uns vorbeizuschauen und Dinge zu entdecken, die sie sich gewünscht haben, die sie sich aber nicht leisten konnten. Bei unserer Qualität und zu unseren Sonderpreisen können Wünsche wahr werden." So beschreibt Aldi die Geschäftsidee seines Resteposten-Ladens „1001 – Tausendundeine Gelegenheit". Dazu passt, dass die Straßen im Mannheimer Arbeiterviertel Waldhof, in dem der Laden liegt, „Starke Hoffnung", „Guter Fortschritt" oder „Frohe Arbeit" heißen. Aber in der rauen Wirklichkeit sieht die Sache ein wenig anders aus. Mietskasernen prägen das Bild in der tristen, sozial schwachen Gegend. Ein Viertel, dessen Bewohner sich mit wenig begnügen müssen.

Aktionsware im Discount ist längst kein Selbstläufer mehr, zumal sie nichts Besonderes ist. Neben Aldi buhlen die Discountkonkurrenten Lidl und Penny mittlerweile

zweimal in der Woche um die Aufmerksamkeit ihrer Kunden. Auch Tchibo preist mit seinen Angeboten für Küche, Garten oder Sport „Jede Woche eine neue Welt" an. Der Marktführer Aldi spürt wachsenden Druck durch hohe Lagerbestände und muss handeln. Auch wenn der Nonfood-Umsatz von Aldi Süd kontinuierlich zurückgegangen ist – für 2005 schätzte Trade Dimensions den Umsatz auf 2,2 Milliarden Euro –, dürften über die Zeit einige Restanten angefallen sein. „In der ausgedienten Aldi-Filiale in Mannheim-Waldhof werden ausschließlich Aktions-Artikel vermarktet, die nicht binnen kurzer Zeit in den Filialen verkauft werden", so das Unternehmen. Der neue Kanal werde erforderlich, um die regionalen Filialen zu entlasten, erklärt die zuständige Niederlassung in Ketsch.

Kampftag für die Mitarbeiter ist Montag. Das ist der Tag, an dem das Sortiment durch neue Ware aus dem Zentrallager Ketsch aufgefüllt wird und erstmals in der Werbung erscheint. An einem weiteren Tag in der Wochenmitte wird noch einmal Ware aus dem Zentrallager in Rastatt geliefert. Es sind Restanten, die aus den wöchentlichen Aktionen der rund 120 Aldi-Filialen übrig geblieben sind und nun erneut angepriesen werden sollen. Geduldig stehen die Kunden an der Kasse Schlange, um ihre ergatterten Schnäppchen aus der etwa 600 Quadratmeter großen Filiale nach Hause zu schleppen. Bezahlen kann man auch mit EC-Cash und PIN. Die Preise sind gerundet: 1 Euro, 2 Euro, 3 Euro usw. So soll das Abkassieren schneller gehen. Der Schnäppchenmarkt steht voller Schütten, in denen Textilien, Werkzeug, Computerzubehör und andere Aktionsartikel, die keinen willigen Käufer gefunden haben, zu einem Haufen aufgestapelt wurden. Es fehlt die Aldi-typische Ordnung im Markt und die Ware liegt teils unverpackt herum; auch an den Wänden stapelt sich Ware. In einer Sonderzone werden die „Schnäppchen der Woche" feilgeboten.

Die Preisabschläge betragen in der Regel bis zu 50 Prozent, der Aldi-Preis wird mit angegeben. Die Einrichtung erinnert stark an die der gewöhnlichen Märkte. Auch die Unternehmensfarben Blau, Orange und Weiß tauchen im Logo auf. Gleichwohl ist Aldi Süd optisch nicht auszumachen. Der Markt hat seinen eigenen Auftritt. Handzettel, so eine Verkäuferin, wird es nicht geben. Damit bleibt der klassische Werbekanal von Aldi fürs Erste versperrt. Auch andere Discounter versuchen mittlerweile, durch Nonfood-Sonderverkäufe die Lager zu räumen. Lidl hat vier Mega-Cent-Märkte in Köln, Berlin, Rostock und Forchheim eröffnet. Allerdings sind im Vergleich zum Erzrivalen die Preisabschläge hier moderater. Die Mega-Cent-Märkte begnügen sich mit Reduktionen von höchstens 25 Prozent.

„Wir testen 1001 – Tausendundeine Gelegenheit zunächst nur mit einem Geschäft in Mannheim. Wenn die Kunden unser Angebot annehmen, werden wir über eine Ausweitung nachdenken", schreibt Aldi über den neuen Restepostenladen. Die Krux aber ist, dass das 1001-Angebot stark vom Misserfolg der regulären Märkte abhängt. Nur wenn zu viele Ladenhüter die Gewinne belasten, wird der Mannheimer Markt stets üppig bestückt sein. Daher dürfte Aldi letztlich kein zu großes Interesse daran haben, das Land mit „1001 – Tausendundeine Gelegenheiten" zu überziehen.

SÜD

KAPITEL 5

WOHIN GEHT DIE REISE DES DISCOUNT-IMPERIUMS?

Aldi hat eine herausragende Stellung nicht nur im deutschen, sondern auch im internationalen Handel gefunden und gefestigt. Bisher war dies ein stetiger und nachhaltiger Prozess, begleitet von allenfalls behutsamen Anpassungen. Erst in jüngster Zeit hat sich das Tempo der Veränderungen erhöht. Bleibt die Frage: Wohin marschiert Deutschlands erfolgreichster Discounter? Aus der bisherigen Entwicklung lassen sich einige Thesen herleiten, die Möglichkeiten für den Aldi der Zukunft aufzeigen.

Der Werdegang des Branchenprimus kann in drei Phasen eingeteilt werden. Anfangs operierte Aldi mit dem schlichten Marketingprinzip „less for less" – also weniger

Geld für weniger Qualität und Service – und konnte sich so von den übrigen Vertriebsformen abheben. Zu jener Zeit waren Markenartikel unangefochten marktbestimmend und wurden nach dem Motto „more for more“ verkauft. Die damals noch geltende Preisbindung sorgte für Ruhe am Markt. Preiskämpfe, wie sie der heutige Verbraucher gewohnt ist, fanden nicht statt. Folglich sprach Aldi in der Anfangszeit Kunden mit niedrigen Einkommen an. Hinzu kam, dass Aldi von der Markenartikel-Industrie nicht beliefert wurde und daher zwangsläufig auf Handelsmarken setzen musste. Statt einem Ambiente schuf Aldi ein „Armbiente“.

„In den achtziger Jahren erfolgte ein Strategie-Wechsel“, sagte der GfK-Handelsexperte Wolfgang Twardawa. Erst dieser relativ späte Wandel hat Aldi groß gemacht. Die neue Marschrichtung hieß nämlich „less for the same“. Aldi verkaufte nun Produkte, die sich qualitativ durchaus an Markenartikeln messen konnten, allerdings zu einem spürbar niedrigeren Preis. Geholfen hat auch die Stiftung Warentest. Regelmäßig lagen getestete Aldi-Artikel in den Bewertungen vorne; gleichzeitig sprach sich herum, dass manche Markenhersteller rezeptidentische Produkte unter anderem Namen lieferten. Der Mythos Aldi war geboren. Mit dem Aufkommen der Schnäppchenmentalität begannen die Verbraucher, sich offen zu Aldi zu bekennen. Es

DIE INTERNATIONALE POSITION

Die Bedeutung von Aldi in verschiedenen Ländern

Land	Markteintritt	Filialen 2005
	Aldi Süd	
Österreich	1968	370 (unter Hofer)
USA	1978	800
Großbritannien	1990	320
Island	1999	30
Australien	2004	108
Schweiz	2005	8
Slowenien	2008	8 (unter Hofer)
	Aldi Nord	
Niederlande	1975	410
Belgien	1976	385
Dänemark	1977	240
Frankreich	1968	670
Luxemburg	1968	12
Spanien	2002	120

Marktforschung

Aldi baut schon seit vielen Jahren seine Position in verschiedenen Länder kontinuierlich aus.

wurde schick, bei Aldi einzukaufen und immer mehr einkommenskräftigere Kunden strömten zu Aldi.

„Heute befindet sich Aldi in der dritten Phase“, meint Twardawa. Der Discounter genießt höchstes Vertrauen bei den Konsumenten und hat sich als Marke – am ehesten zu vergleichen mit Ikea – mit einem außerordentlich guten Image etabliert. Die Kunden erwarten höchste Qualität und sind bereit, bei Aldi nicht nur Rotwein für 2,99 Euro zu kaufen, sondern auch einen spanischen Gran Reserva für 9,99 Euro. Folglich heißt nun die Strategie „less for more“: Die Preise sind niedriger als bei der Konkurrenz, die Produkte aber nicht nur gleichwertig, sondern besser. Die Konkurrenz ist gezwungen nachzuziehen. Das heißt, dass für Aldi neben dem Preis die Qualitätsdifferenzierung immer wichtiger wird. Zum Teil bietet Aldi schon heute Spitzenqualität und hat sowohl gute Preiseinstiegsqualität als auch alternative Premium-Artikel im Programm. So liefert zum Beispiel der bekannte Hersteller Storck unter dem Namen Moser Roth die Premium-Schokolade für 0,85 Euro an Aldi Süd. Ein anderes Beispiel sind Obst, Gemüse und Bio-Ware, die Aldi mittlerweile im Sortiment hat. Aldi wendet sich zusehends von der alleinigen Preisorientierung ab hin zu einer Mehrwertstrategie.

Aldi ist somit heute kein echter Harddiscounter mehr, sondern – wie ehedem der klassische Supermarkt – eher ein Nah- und Vollversorger, allerdings mit Discountpreisen. Die Anzahl der Artikel liegt bei rund 2000, wenn man jedes einzelne Produkt in all seinen angebotenen Varianten zählt. Lidl kommt zum Vergleich auf rund 2.400, da die Neckarsulmer mehr Markenartikel im Programm haben.

Damit eröffnen sich für Aldi neue Chancen. Neben einer höheren Wertschöpfung und daher auch höheren Gewinnen bindet der Discounter zugleich kaufkräftigere Kunden an sich. Andererseits wird jedoch Aldi von „unten“ angreifbar, denn er verlässt die Position des echten Harddiscounters mit einem beschränkten Sortiment im Preiseinstiegsbereich und macht Platz für neue potenzielle Konkurrenten. Denkbar wäre etwa, sobald neue Technologien dies erlauben, kassiererfreie Läden zu schaffen, in denen nur mehr 400 bis 500 der am häufigsten gekauften Artikel angeboten werden. „Die aus einem solchen System resultierenden Kosten- und Effizienzvorteile würden das Preisniveau selbst für Discounter heutigen Zuschnitts unerreichbar niedrig halten“, erklärt Twardawa.

Künftig wäre auch folgendes Szenario denkbar: Die meisten Parkplätze von Aldi sind überdimensioniert und der überflüssige Raum könnte ohne weiteres für neue Verkaufsflächen genutzt werden. So hätte Aldi die Möglichkeit, in seinen eigenen Läden ein Trading Up durchzuführen, das heißt, bessere Produkte in ansprechendem Einkaufsambiente anzubieten. Aldi könnte am gleichen Standort einen reinen Feinkost-Discounter entweder selbst betreiben oder dies einem Franchise-Partner überlassen. Die Kunden fänden so ihr gewohntes Preiseinstiegssortiment und Premium-Qualität in unmittelbarer Nähe. Beide Anbieter würden sich gegenseitig die Kunden zuspielen, und gegenseitig für hohe Frequenz in den Läden sorgen, so die Einschätzung von Experten. Das Interessante an diesem in der Branche diskutierten Szenario ist, dass es Ergänzungskäufe im Supermarkt überflüssig machen würde.

Eine weitere Zukunftsvision ergibt sich aus der Betrachtung jener einkommensschwachen Verbraucherschichten, die einst Aldis bevorzugte Zielgruppe waren. Bei ihnen würde ein Trading Up vermutlich auf weniger Zustimmung stoßen und zu einer neuen Nachfrage nach dem Discounter alter Ausprägung („less for less") führen. Möglicherweise könnte dies Aldi unter einem anderen Namen selbst sein, denn schließlich kennt er dieses Geschäft wie kein zweiter der großen Konzerne. In diesem Fall würde auch der schärfste Konkurrent Lidl Probleme bekommen: Er müsste sich dann zwischen einem neuen Techno-Discounter und dem herkömmlichen Aldi neu positionieren.

Lidl hat sich in manchem innovativer gezeigt als Aldi, beobachten Experten immer wieder. Beispielsweise hat Lidl schneller abgepacktes Frischfleisch ins Sortiment aufgenommen und testet sogar den Verkauf von frischem Fisch an der Bedienungstheke. Auch hat Lidl schneller das bargeldlose Bezahlen eingeführt als Aldi. Summa summarum wächst Lidl schneller als Aldi, da er mehr neue Filialen in Betrieb nimmt.

Doch trotz aller Erfolge: Im Unterschied zu Aldi ist Lidl noch keine Marke. Die Albrecht-Kette ist heute – von wenigen Ausnahmen wie Ferrero oder Mars abgesehen – nicht auf Markenartikel angewiesen, um beim Verbraucher zu punkten, Lidl dagegen schon. Aus diesem Grund setzt Lidl stärker auf Markenartikel. Er braucht Marken einerseits, um Kunden anzulocken und nutzt sie zugleich zur Differenzierung gegenüber Aldi. Die Verbraucher sollen gewissermaßen lernen, dass Lidl der günstigste Discounter ist, der zudem auch Marken verkauft.

Discounter haben sich fest etabliert und werden auch in Zukunft in Deutschland und anderswo eine Stütze der Versorgung sein. Der Machtkampf zwischen Billigheimern und Kistenschiebern wird sich letztlich auf zwei Namen reduzieren: Aldi und die Schwarz-Gruppe. Die übrigen Discounter dürften für die kommenden Jahrzehnte kein ausreichendes Gewicht haben, um in den Kampf der Giganten nennenswert einzugreifen. Schwarz hat seinen Expansionszug auf Höchstgeschwindigkeit getrimmt. Wie viel Geld er wegen des Zwangs zum Wachstum ausgibt, weiß keiner genau. Die exakte Gewinnsituation der Albrechts ist zwar ebenfalls unbekannt. Fest steht aber, dass Aldi Geld verdient und – zumindest in Deutschland – nicht mehr auf schnelle Expansion angewiesen ist. Das Unternehmen benötigt keine externen Geldgeber, um seine Strategie weiter zu entwickeln. Würde Albrecht zeitweise auf Profit ganz verzichten und die Gewinne in die Preise stecken, blieben die meisten Konkurrenten auf der Strecke. Denn einen Preiskrieg mit Aldi würde auf Dauer kaum ein Wettbewerber finanziell überstehen. Dies dürfte auch im Duell zwischen Aldi und Lidl für klare Verhältnisse sorgen. Mitte 2006 zeichnete sich für Aldi aber bereits wieder ein leichter Aufwärtstrend ab.

LITERATUR

Dieter Brandes, *Die 11 Geheimnisse des Aldi-Erfolgs.* Piper Verlag, München, 2006.

Dieter Brandes, *Einfach Managen. Klarheit und Verzicht - der Weg zum Wesentlichen.* Piper Verlag, München, 2005.

Dieter Brandes, *Konsequent einfach. Die Aldi-Erfolgsstory.* Campus Verlag, Frankfurt am Main, 1998.

Wolfgang Fritz, *Die Aldisierung der Gesellschaft – Eine ökonomische Perspektive.* Braunschweig, 2005.

Franz Kotteder, *Die Billiglüge.* Droemer Knaur Verlag, München, 2006.

Thomas Rudolph, Markus Schweizer, *Das Discount-Phänomen*, Verlag Neue Zürcher Zeitung, Zürich, 2006.

Martina Schneider, *Aldi - Welche Marke steckt dahinter.* Südwest-Verlag, München, 2005.

INTERNETADRESSEN

www.aldi.com
Hauptseite der Discounterkette im Internet.

www.aldi-sued.de
Web-Seiten der Aldi-Süd-Gruppe in Mülheim.

www.aldi-essen.de
Web-Seiten von Aldi Nord in Essen.

www.koever.com/aldi/
Aldi Fan-Seite mit Archiv, Forum und vielen Tipps.

www.aldi.ch
Informative Website der Schweizer Dependance.

www.hofer.at
Website der österreichischen Aldi-Tochter.

www.traderjoes.com
US-amerikanische Website des Feinkost-Discounthändlers Trader Joe's.

www.supermarktangebote.de
Angebotsübersicht bekannter Discounter.

www.aldibaran.de
Aldi Fanseite mit Weisheiten, Geschichten und Rezepten zu Aldi.

www.discountfan.de
Forum für Fans und Schnäppchenjäger.

www.aldifan.de
Weitere Fanseite mit Forum, Links, Archiv etc.

www.preiszeiger.org
Homepage, die einen Komplettüberblick über die Preise bei Deutschlands führenden Discountern Aldi, Lidl, Netto, Penny und Plus gibt.

Reiner Mihr studierte Haushalts- und Ernährungswissenschaften in Gießen. Nach seinem Studium arbeitete er u. a. für regionale Tageszeitungen und verschiedene Fachmagazine. Seit 1993 ist er Chefredakteur verschiedener Titel für den Handel, seit 2000 leitet er die Redaktion der LEBENSMITTEL PRAXIS.

Markus Oess studierte Volkswirtschaftslehre und Publizistik in Mainz und Dijon. Nach seinem Studium arbeitete er für den größten Branchenbrief-Verlag Europas, »markt intern«, mit Sitz in Düsseldorf.
Seit 2000 ist er für die LEBENSMITTEL PRAXIS tätig und leitet heute das Handelsressort.

Sie ist der mächtigste Geldkonzern Deutschlands: Wie die Deutsche Bank zu dem wurde, was sie heute ist.

Christian Hiller von Gaertringen

Deutsche Bank

Die Macht am Main

96 Seiten, Broschur

ISBN-10: 3-434-46811-0

ISBN-13: 978-3-434-46811-0

Vom selbstgebrauten Kopfschmerzmittel zur amerikanischen Ikone: die Geschichte von Coca-Cola

Andrea Exler
Coca-Cola
Vom selbstgebrauten Aufputschmittel
zur amerikanischen Ikone
96 Seiten, Broschur
ISBN-10: 3-434-46810-2
ISBN-13: 978-3-434-46810-3